MALGAIGNE

(1806-1865)

ÉTUDE

SUR

SA VIE ET SES IDÉES

D'APRÈS

SES ÉCRITS, DES PAPIERS DE FAMILLE

ET DES SOUVENIRS PARTICULIERS

PAR

E. PILASTRE

Ἰητρὸς γὰρ ἀνὴρ πολλῶν ἀντάξιος ἄλλων.

Un médecin comme lui vaut à lui seul beaucoup d'autres hommes.

(HOMÈRE, *Iliade*, XI-514).

PARIS
FÉLIX ALCAN, ÉDITEUR
108, BOULEVARD SAINT-GERMAIN, 108

1905

MALGAIGNE

(1806-1865)

MALGAIGNE

(1806-1865)

ÉTUDE

SUR

SA VIE ET SES IDÉES

D'APRÈS

SES ÉCRITS, DES PAPIERS DE FAMILLE
ET DES SOUVENIRS PARTICULIERS

PAR

E. PILASTRE

> ἰητρὸς γὰρ ἀνὴρ πολλῶν ἀντάξιος ἄλλων.
>
> Un médecin comme lui vaut à lui seu beaucoup d'autres hommes.
>
> (HOMÈRE, *Iliade*, XI-514).

PARIS
FÉLIX ALCAN, ÉDITEUR
108, BOULEVARD SAINT-GERMAIN, 108

1905

MALGAIGNE

CHAPITRE PREMIER

Biographie de Malgaigne. — Sa famille. — Sa jeunesse. — Le curé Alliot. — Débuts a nancy. — Le Val-de-Grace. — Campagne de Pologne. — Ses concours a Paris. — Ses ouvrages. — Les hôpitaux, la faculté de médecine. — L'Académie de médecine. — Ensemble de sa carrière.

En 1856, on voyait encore, sur l'ancienne place Saint-Michel à Paris, à l'extrémité de la rue Soufflot, une vieille maison bariolée de diverses façons ; c'était la résidence d'un marchand de couleurs ; au fond d'une sombre cour, au premier étage, existait alors une pension bourgeoise, tenue par Mme Gay et bien connue dans le quartier Latin. Elle réunissait des artistes, des professeurs libres, des étudiants en droit et en médecine, petite élite de travailleurs dont quelques-uns sont arrivés depuis à la célébrité. Là nous vivions tous, malgré la diversité de nos études, dans une intime camaraderie. Que de fois ne nous sommes-nous pas rappelé cette vieille table d'hôte, en relisant le *Père Goriot* de Balzac ! Le menu était maigre, mais la conversation était abondante et intarissable, chacun parlait de ses travaux, de ses maîtres favoris. Dans la bouche des étudiants en médecine revenait quotidiennement le nom d'un professeur illustre, de Malgaigne, avec le témoignage d'une sympathie ardente et d'une popularité de bon aloi. Son talent de professeur, sa verve éloquente et sarcastique comme orateur, soit à l'École, soit à l'Académie, ses théories originales, ses inventions et sa méthode, tout était la matière sans cesse renouvelée des entretiens des élèves de la Faculté de médecine ; leur enthousiasme avait gagné plus d'un des disciples d'Oudot, de Pellat et de Valette. Pour nous, nous étions bien loin de croire que, onze ans après, l'une des filles jumelles de Malgaigne nous serait donnée en mariage, et que, jusqu'à sa mort, nous trouverions dans cette alliance les joies trop peu durables que la destinée réserve aux hommes.

La mémoire de Malgaigne n'a pas péri. Sa renommée n'a pas souffert à l'excès de l'atteinte inévitable du temps. Elle a été rappelée au public par l'éloge que M. le professeur Jaccoud, secrétaire perpétuel de l'Académie de médecine, a prononcé à la séance solennelle du 15 décembre 1903.

Nous avons pensé qu'en nous plaçant à un point de vue différent de celui de l'orateur académique, et en laissant aux savants l'étude des travaux spéciaux de Malgaigne sur la chirurgie appliquée, nous pourrions, avec quelque intérêt pour les personnes même étrangères à la profession médicale, exposer, à notre tour, sa vie et ses idées. Plus d'une leçon se dégage de son existence laborieuse, de sa méthode et de ses principes sur la recherche de la vérité, des règles qu'il a suivies pour la direction de ses travaux et de ces travaux eux-mêmes. Les écrits de Malgaigne, les pages trop rares qu'il a laissées sur divers événements de son existence, des papiers de famille, des souvenirs de contemporains bien peu nombreux à présent : tels sont les éléments de cet essai dont nous ne nous dissimulons ni les imperfections ni les inévitables erreurs.

On s'étonnera peut-être qu'un vieil homme de loi ose ainsi mettre le pied sur le terrain de la médecine ; ce qui l'excusera c'est une sorte d'affinité traditionnelle qui existe à certains égards entre la Faculté de médecine et le Palais de Justice. Le culte des travaux de l'esprit, la pratique d'une profession laborieuse, le respect d'anciens usages, l'habitude de soulager, avec un dévouement souvent méconnu du public les maux physiques comme les détresses morales des hommes, la régularité d'une vie absorbée par les travaux professionnels et dédaigneuse des plaisirs que le cosmopolitisme moderne voudrait imposer : tout cela crée entre ces deux branches des professions libérales, des liens qui ne sauraient être méconnus. Ces deux éléments éclairés de la vieille bourgeoisie parisienne ont plus d'un sentiment identique : la foi et le dévouement au progrès, la haine des chimères, l'amour de la vérité, le goût d'un langage simple et clair, la philosophie tolérante de ceux que l'expérience maintient dans ces régions tempérées, où la voix de la raison se fait le mieux entendre. Malgaigne peut être reconnu comme le type de ces personnages qui, pour être devenus plus rares peut-être qu'autrefois, n'ont cependant pas encore disparu. Nous parlerons de lui en toute indépendance, comme il l'a fait lui-même de ses amis ; c'est le seul moyen, à notre sens, de rendre un véritable hommage à la mémoire d'un penseur qui a pris pour devise : *Réalité dans la Science*, et *moralité dans l'Art*, et à qui on peut justement appliquer le mot de Fontenelle, sur Chirac, médecin célèbre de la Régence : « Les grands médecins sont ceux dont la pratique, fondée sur les principes d'expérience établis, est la plus sûre et la plus heureuse, mais ceux *qui établissent solidement de nouveaux principes sont d'un ordre plus élevé*. Les uns portent l'art tel qu'ils le trouvent jusqu'où il peut aller, les autres le portent plus loin qu'il n'allait. »

M. Jaccoud a fait d'un mot le plus bel éloge de Malgaigne en lui donnant le grand nom de Réformateur.

Malgaigne était originaire des Vosges, pays remarquable par ses beautés naturelles et par une race d'hommes vigoureux et énergiques, patriotes, appliqués au travail, pleins de bon sens et partisans de tous les progrès. L'enthousiasme ne manqua jamais dans cette terre un peu rude ; l'amour de la patrie s'y est personnifié dans une héroïne : Jeanne d'Arc la bonne Lorraine. On sait que cette province n'a jamais cessé de donner à la France, avec des artistes et des poètes, des hommes d'Etat sages et perspicaces, qui ont rendu au pays de grands services dans les temps difficiles.

Malgaigne est demeuré l'illustration de Charmes, chef-lieu de canton de l'arrondissement de Mirecourt, petite ville située sur la rive gauche de la Moselle, aux abords d'une grande forêt. C'est là que François-Joseph Malgaigne vit le jour le 14 février 1806 ; son père François Malgaigne, né en 1777, était un officier de santé attaché d'abord au 6e régiment d'artillerie à pied, sa mère se nommait Marie-Madeleine Bocatte. La famille de cette dame avait des prétentions nobiliaires : elle se flattait de se rattacher aux seigneurs nobles de Malortie qui étaient des chevau-légers de Lorraine. Un Malortie avait été colonel des gardes sous Louis XV, il se serait ruiné à la cour, ce qui expliquerait la situation modeste de ses descendants. Nous ne jugeons pas la valeur de cette tradition de famille. Nous avons appris par nos propres recherches que, dans un acte de baptême du 23 janvier 1736 concernant François Bocatte, on indique que sa mère, une de Malortie, était une dame noble et que le parrain du nouveau-né fut un seigneur du temps, François de Luxer, auquel se rattachait peut-être le général de ce nom mort à Paris en juillet 1904. L'aïeul maternel du chirurgien Malgaigne était devenu un simple homme de loi à Charmes. S'il faut en croire un récit local, les Bocatte et les Malgaigne étaient tous les deux d'origine italienne ; leurs ancêtres s'étaient fixés en Lorraine pour y exercer l'un la pharmacie, l'autre la médecine, au temps des guerres de Louvois, et ils furent attachés à l'armée pour y remplir les fonctions de leur art.

L'aïeul de Malgaigne, portant comme lui les prénoms de Joseph-François, fut officier de santé à Charmes. Il vécut de 1740 à 1813.

François, le père de Malgaigne, se signala par les services qu'en sa qualité de médecin il rendit, dans diverses campagnes, aux armées de Napoléon. Il se distingua encore plus par les soins qu'il donna, en 1813 aux victimes d'une épidémie effroyable de typhus qui enleva, avec son père, la neuvième partie de la population de Charmes. Lui-même fut atteint par le fléau, au lit de ses malades, mais il survécut, et il ne succomba qu'en 1832 lors de l'invasion du choléra en France.

La mère de Malgaigne vécut jusqu'au 15 avril 1833 à Charmes, où elle habitait dans une maison située rue du Fair qui porte encore le nom de maison Malgaigne.

En 1894, la ville de Charmes, pour honorer la mémoire du professeur, a donné son nom à une ancienne voie de la ville appelée auparavant la rue des Tanneurs.

En 1843, après avoir vécu quelques années à Paris, d'une vie commune avec sa sœur Eugénie,

Malgaigne songea à se marier. A cette même époque, il fut chargé par un de ses amis de demander la main de la fille d'un de ses clients, M. Pommier. Cette demande ne fut pas agréée par la jeune personne qui, au contraire, parut témoigner un intérêt plus vif au négociateur ; ces dispositions enhardirent l'intermédiaire à parler en son nom, et à solliciter pour lui-même l'honneur refusé à un autre. Le dénouement, qui ressemble à celui d'une comédie de notre ancien théâtre, et qui rappelle un peu l'aventure de P. Corneille qui nous valut la pièce de Mélite, ne se fit pas attendre. Le 24 mai 1843 Joseph François Malgaigne âgé de trente-sept ans, docteur en médecine, chevalier de la Légion d'honneur et du mérite militaire de Pologne, professeur agrégé à la Faculté de médecine, épousa à la mairie de l'ancien XIe arrondissement de Paris, Aglaé-Françoise Pommier, née à Paris le 30 juillet 1818, fille de Antoine Pommier, propriétaire et de Julie Pierpont, décédée le 23 juillet 1826.

L'un des témoins du mariage était un ami de l'époux, son maître, Pierre Gama, chirurgien en chef des armées, officier de la Légion d'honneur et chevalier de l'ordre royal de Wasa de Suède, dont nous aurons à parler plus loin.

De ce mariage sont nées, le 8 mars 1844, deux filles jumelles : Honorine-Amélie, femme d'Edouard Pilastre, avoué honoraire, l'auteur de ce récit, qui la perdit le 27 février 1890, et Aline-Eugénie, mariée au professeur Léon Le Fort et décédée le 25 mai 1898.

Malgaigne était mort le 17 octobre 1865 à Saint-Gratien, canton de Montmorency (Seine-et-Oise). Sa veuve lui survécut jusqu'au 10 janvier 1893. La famille de Malgaigne est représentée aujourd'hui par ses petits-enfants : d'une part Marguerite Pilastre, mariée à Henri Merlin, avocat à la cour d'appel de Paris et Lucien Pilastre, d'autre part, Raymond Le Fort et Jeanne Le Fort, épouse de Félix Lejars, chirurgien des hôpitaux, agrégé de la Faculté de médecine de Paris.

Après avoir résumé l'ensemble de la vie de Malgaigne, nous allons en étudier à présent tous les détails.

Jeunesse de Malgaigne. — Le père de Malgaigne, dont la fortune était des plus modestes, n'avait d'autre ambition pour son fils que de le voir devenir officier de santé à Charmes, comme lui-même et comme son aïeul. Le jeune homme avait des visées plus hautes. Il reçut les premières leçons à l'école communale ; plus tard, il fut envoyé dans un collège du voisinage dirigé par un ecclésiastique, M. Mutsuque, homme d'un mérite supérieur. Des renseignements que nous avons recueillis à Charmes, il résulte que cette petite pension fut créée par M. Gérard, curé de la paroisse, qu'elle eut un certain éclat sous la direction de son successeur, M. Mutsuque, qui réunit dans le presbytère et la maison voisine jusqu'à 35 pensionnaires. Il était aidé d'un professeur et de ses deux vicaires ; il enseignait les études classiques, jusqu'aux humanités exclusivement. L'Institution finit avec M. Mutsuque qui mourut en 1839. Jusqu'à l'âge de treize ans le jeune écolier ne se distingua pas beaucoup de ses camarades, mais alors il se développa au physique et au moral de la façon la plus heureuse et il obtint dans ses classes toutes les couronnes. Il eut la bonne fortune de rencontrer pour compléter ses études un maître éminent : l'abbé Alliot. Ce dernier lui fit achever ses humanités, et lui inspira avec l'amour des lettres, le goût des sciences naturelles et médicales dont il était lui-même animé.

La vie de ce prêtre original, dont l'influence heureuse s'exerça sur Malgaigne, et qui demeura toujours son ami, malgré les singulières vicissitudes de son existence, mérite qu'on s'y arrête.

Le curé Alliot. — Ce personnage figure dans l'*Histoire des hommes illustres du département de l'Oise* publiée par Ch. Brainne, en qualité de prêtre, de savant, de médecin. François Alliot naquit en 1798 à Gibaumeix, petit village du canton de Colombey dans le département actuel de Meurthe-et-Moselle. Il mourut vers 1873 dans les environs de Bar-le-Duc. Dans sa jeunesse, il vint à Paris, il y étudia le Droit, la médecine, la théologie ; il entra dans la prêtrise, sans cesser de poursuivre ses études générales sur les sciences. Il fut d'abord en 1833 et en 1834 desservant de l'église de Montagny Sainte-Félicité, dans le canton de Nanteuil-le-Haudouin (Oise). Il se signala dans cette commune par son dévouement pour ses paroissiens, victimes d'une épidémie de choléra. Ses connaissances médicales lui permirent de leur donner des soins efficaces. La médecine semblait répondre mieux à ses goûts que l'état ecclésiastique ; aussi, après quelques années d'exercice de son ministère, François Alliot abandonna-t-il ses fonctions pastorales pour se consacrer au soulagement des malades. Il vint s'établir dans un faubourg de Senlis, au lieu dit le gué de Creil et de Pont, sur la route de Saint-Maxence, y acheta un terrain et y fit bâtir une maison isolée. Là il continua à se livrer aux études médicales, religieuses et philosophiques qui lui étaient chères ; il acquit une connaissance étendue de l'art de guérir, il se fit recevoir officier de santé, il donna à ses voisins des conseils dont les heureux résultats lui attirèrent une grande réputation. Sequestré du monde en apparence, il recevait des visites et n'en faisait pas. Il vécut de la sorte pendant quinze ans d'une existence singulière. Tout en prodiguant des consultations aux malades, il composait des livres religieux et philosophiques où l'on remarque, avec une érudition débordante, un style vif et animé, des pensées hardies et originales. Il conseillait non seulement les gens qui souffraient physiquement, mais aussi tous ceux qui voulaient avoir son avis sur les questions qui agitaient son esprit : la morale, le progrès des sciences, la rénovation de l'art médical, la réforme des lois. Sa conversation était pleine d'intérêt, son humeur douce, son accueil bienveillant, son désintéressement absolu. Son détachement de la vie matérielle lui valut la réputation méritée d'un homme tout à fait excentrique. Les Senlisiens ont été plus frappés de la bizarrerie du personnage et de la singularité de son existence mystérieuse dans son ermitage que de ses talents comme philosophe et comme médecin. Le souvenir de cet original qui ressemblait par certains côtés à un anachorète ou à un fakir n'a pas disparu dans les lieux qu'il a si longtemps habités, ainsi que l'attestent les récits des derniers témoins de ce temps déjà éloigné.

Si l'abbé Alliot avait acquis une véritable popularité chez les malades de son entourage, il était naturellement moins bien jugé par les médecins auxquels il faisait une sorte de concurrence. D'un autre côté les membres du clergé le trouvaient quelque peu compromettant avec ses allures étranges, ses travaux et ses livres remplis de paradoxes[1].

[1] François Alliot a publié un grand nombre d'ouvrages de philosophie, de théologie et de médecine parmi lesquels nous citerons : *La Philosophie des Sciences*, en 7 volumes, dont le premier volume parut en 1824 et les suivants en 1833, 1846, 1851. *La nouvelle doctrine classique* ou la saine législation des sciences, démontrée par ses principes et par ses lois (1862), *La Bible enfin expliquée* (1857), *Le progrès ou les destinées de l'Humanité* (1865), *Lettres*

M. Tremblay qui a connu le curé Alliot a tracé de lui le portrait suivant :

« En se livrant exclusivement aux travaux de la pensée, M. Alliot semblait avoir oublié qu'il avait un corps. Il poussa plus loin peut-être que Diogène l'oubli de tout souci de sa personne et de toute convenance envers les autres. Constamment couché, sans être malade, il se borna à ne satisfaire que les besoins de la simple nature ; il couchait nu sur un matelas posé à terre usé et aplati par une pression de plusieurs années, n'ayant pour toute couverture que quelques lambeaux d'étoffe et pour oreiller qu'un escabeau de bois où il appuyait sa tête toujours nue, et sur lequel il plaçait sa sébille contenant l'argent des consultations. Près de lui était une table où un jeune homme écrivait sous sa dictée, un fauteuil et une couchette couverts de ses brochures et de ses manuscrits. Quelques chaises trébuchant sur leurs pieds inégaux, cachaient des boiseries en mauvais état. C'est dans ce pitoyable taudis qu'on a pu voir M. Alliot étendu sur le sol, avec de longs cheveux, une barbe et des ongles de vingt ans. Son aspect, ajoute M. Tremblay, était repoussant, et

philosophiques de la Montagne, suite du Progrès. *Démonstration des erreurs des Sciences* (1866), *Nouvelles lettres philosophiques de la Montagne*. *Lettres supplémentaires aux récentes provinciales*(1871), etc.

Il avait fait imprimer encore en 1848 l'*Essai de la solution d'un problème d'économie politique : Des moyens d'arracher la France aux mains qui pèsent sur elle* ; et à d'autres époques des ouvrages de toute autre nature, tels que : *La Philosophie des adolescents*. *La pratique médicale des familles*, etc. Il donnait à son système philosophique le nom de Ratiosensitivisme.

pourtant, c'était là que, quittant leurs châteaux ou leurs salons, des dames élégantes, des hommes titrés, des érudits, des philosophes, des hommes en bonne santé, aussi bien que les malades venaient s'asseoir pour consulter cet homme bizarre qui savait guérir et enseigner, instruire et consoler. Et, comme pour faire contraste, on voyait à côté de ce réduit infect un salon élégamment meublé et d'autres petites pièces entretenues avec une rigoureuse propreté, mais toujours vides. Ce n'était pas par indigence ou par avarice que M. Alliot vivait ainsi, car sa maison lui coûtait quelques frais : il faisait une bonne part aux pauvres de l'argent qu'il recevait, et il lui en restait assez pour vivre selon les convenances sociales de sa profession ».

Etait-ce cynisme, paresse, originalité, calcul ? M. Tremblay croit que c'était la bizarre préoccupation d'une âme qui oublie son enveloppe et qui vivait par l'esprit sans s'inquiéter du corps.

« Telle était la façon de vivre de celui qu'on appelait « le Diogène de Senlis. »

« Enfin M. Alliot se lassa de cette existence singulière, il vendit sa maison en 1832. Après de longues années d'une réclusion absolue et d'un continuel alitement, il se leva, se fit peigner les cheveux, couper la barbe et les ongles, prit un bain et essaya de se tenir sur ses pieds. Il avait tellement perdu l'usage de ses jambes, qu'après l'avoir habillé, il fallut le soutenir durant les quelques pas qu'il eut à faire pour se rendre à la cathédrale de Senlis, où il assista avec recueillement à une messe d'actions de grâces. Un grand nombre d'habitants s'étaient rendus à l'église pour le voir ; on examinait avec un religieux silence ce prêtre, ce médecin, ce philosophe si remarquable par les œuvres de l'esprit et dont la figure pâle et amaigrie, le corps frêle et comme déformé par dix ans d'une attitude et d'une séquestration volontaires, eûssent été pour tout autre un affreux supplice. Après la messe, M. Alliot fut reconduit chez lui, s'occupa de son déménagement, fit ses adieux à quelques personnes, monta en voiture et partit. »

François Alliot qui avait repris la soutane retourna dans son pays natal, où il continua à publier des livres philosophiques et religieux.

Il avait gardé des relations amicales avec Malgaigne, son ancien élève, et avec sa famille dont plusieurs membres allaient le visiter dans son ermitage ; ceux qui survivent ont conservé un excellent souvenir de sa science, de sa bonté, de son désintéressement et de son dévouement à ceux qui souffraient.

François Alliot écrivait dans son discours sur les pseudo-philosophes ces mots qu'on peut lui appliquer à lui-même : « Le célibataire généreux qui se dévoue corps et biens au service de ses semblables sans appartenir à aucune corporation monastique n'est ni un solitaire, ni un anachorète, mais il doit être déclaré le plus grand d'après ces paroles formelles de Jésus : « Que celui d'entre vous qui voudra être le plus grand soit le serviteur de tous. »

On devinera par ce qui précède l'action puissante que dut exercer sur l'intelligence ouverte et l'âme ardente du jeune Malgaigne, un chercheur original et savant tel que François Alliot.

Après avoir reçu les leçons d'Alliot, Malgaigne, dès l'âge de quinze ans, vint à Nancy pour y commencer ses études médicales. Il se livra avec ardeur à ces travaux pour lesquels il avait une vocation véritable. Dans sa correspondance avec son père, il lui donne, avec une précision remarquable, le détail de ses occupations ; elles s'étendaient aux parties les plus diverses de la science.

Nous avons retrouvé une lettre fort curieuse qu'il adressa à son père le 28 juin 1823. On remarquera qu'elle émane d'un jeune homme de dix-sept ans ; on sera frappé sans doute, de l'étendue des travaux de l'étudiant, de la nature de son esprit et de la décision déjà apparente de son caractère.

« Nancy, le 28 juin 1823. — Mon cher papa, voilà bien longtemps que je n'ai reçu de vos nouvelles ; vous ne m'aviez même rien fait dire par mon oncle, quand il est venu à Nancy. Je ne sais à quoi attribuer votre silence ; car ce n'est pas sans doute le souvenir de mon escapade que vous m'avez pardonnée. Si c'est la multitude de vos occupations et le nombre de vos clients, je m'en réjouis avec vous, mais je suis un peu fâché qu'ils me privent du plaisir de recevoir vos lettres. J'ai souhaité une bonne fête à M. le curé, il ne m'a pas répondu, serait-il fâché contre moi ? Je vous prie, mon cher papa, de faire ma paix avec lui ; il m'aime tant qu'il ne doit pas avoir de peine à me pardonner.

« Nous continuons nos cours avec ceux de clinique chirurgicale et de physiologie ; ce dernier est fait trois fois par semaine par M. Bonfils, le fils, c'est un cours seulement élémentaire. Dans la chimie, nous en sommes au milieu des métaux ; nous avons fait l'autre jour le potassium. La botanique va selon la floraison, aussi il est bien difficile d'étudier ainsi sans méthode, on s'égare à chaque pas. La clinique va son train, assez lentement à la vérité ; cependant, les archives de l'École ont pris naissance dans une observation sur une carie des vertèbres avec un dégât intérieur horrible. On n'a reconnu la maladie que par l'autopsie cadavérique. On a donné des malades à observer aux quatre plus anciens, notre tour viendra après eux. La pathologie générale nous apprend maintenant les signes tirés de la poitrine ; ceux de la face, du cou, du dos ont été vus dernièrement. La pathologie chirurgicale va avoir fini les fistules ; nous avons donc vu dans l'ordre que nous suivons, les inflammations, les abcès et les fistules ; mais ce ne pourra être fini cette année. Les accouchements ne se démontrent pas encore par la clinique. On nous a donné la théorie du toucher et de l'accouchement naturel dans toutes les positions ;

dans peu je serai à même de vous envoyer votre premier volume de Baudelocque. Un de mes anciens vient encore de partir pour Metz comme chirurgien surnuméraire ; il ira de là en Espagne assez tôt à ce qu'il croit. Je rédige mes cahiers dont deux de Pathologie et de Chirurgie, je les revois sur mon auteur. Une leçon de M. Simonin me tient souvent 12 à 13 pages de 30 lignes au moins. Les autres professeurs sont loin d'aller si vite. Nous faisons presque chaque trois jours des autopsies ; maintenant le professeur y assiste et nous fait l'histoire du malade et de sa maladie, puis il fait remarquer tout ce qu'on découvre de remarquable, en sorte que nous nous instruisons de toutes les manières. On parle beaucoup ici d'une École de Droit qui, dit-on, devrait être établie l'an prochain. On dit aussi que l'École de Médecine aura un bâtiment particulier loin des curieux et du bruit. En attendant, nous nous portons tous bien et nous pansons ceux qui se portent mal. Présentez mes amitiés à M. le curé et souhaitez le bonjour à mon oncle et à ma tante. Mon oncle a oublié de m'envoyer un « Linné » qu'il m'avait promis. Je vous prie de l'en faire souvenir. Bonjour papa, bonne santé et aimez-moi toujours. Je vous embrasse de tout mon cœur et suis votre respectueux fils. »

Avec un enseignement aussi étendu et une application semblable ses progrès furent rapides ; aussi, dès l'âge de dix-neuf ans, obtint-il le titre d'officier de santé. Malgré ces succès, Malgaigne n'était pas disposé à s'enfermer dans les limites d'une spécialité professionnelle. Il s'adonnait à de premiers essais littéraires par des compositions en prose ou en vers dont le goût était alors plus répandu qu'aujourd'hui chez la jeunesse. Fidèle à la mode de son temps, il avait écrit une tragédie dont le sujet était emprunté à un livre de Saint-Réal, alors en grande faveur : *La Conspiration des Espagnols contre Venise*. Il y mettait en scène le célèbre Jaffier, qui, après s'être allié aux conspirateurs, révéla le complot pour en éviter les conséquences désastreuses, fut trompé par ceux qui lui avaient promis une amnistie, vit supplicier ses compagnons, se révolta contre les persécuteurs et périt lui-même les armes à la main. Malgaigne, à défaut d'acteurs de profession, recourut pour la représentation de son œuvre à une famille d'artisans qui jouaient la pièce dans une ancienne boutique éclairée par une lampe. Cette tentative rappelle de loin le théâtre populaire qui, de nos jours, a eu tant de succès à Bussang dans les Vosges, bien que la troupe ne fût composée que des habitants d'un village. D'ailleurs Malgaigne ne fuyait pas la société de Nancy. Nous avons retrouvé une comédie de lui en un acte intitulée : *Les Caprices*, dédiée aux dames par un amateur de dix-huit ans. Son auteur avait déjà l'ambition de se faire connaître et de parvenir. A cette époque il collabora à des journaux de Nancy ; il dirigea même en 1825 le *Propagateur de la Lorraine*, mais la couleur libérale de cette feuille excita les suspicions du préfet et de l'évêque, Forbin Janson ; à leur sollicitation, Frayssinous, alors ministre, s'intéressa assez à ce journal pour en ordonner la suppression à la fin de la première année de sa publication. Malgaigne y avait déjà révélé avec l'élégance et la précision de son style, l'ardeur mordante et passionnée de son esprit

Privé des médiocres ressources de son journal, il devint, en 1826, le secrétaire de M. de Villeneuve. Il ne pouvait que gagner dans une collaboration avec ce savant grand seigneur. Le marquis de Villeneuve-Trans, né à Saint-Auban en 1784, s'était fixé en Lorraine; il mourut à Nancy en 1850. Il fut connu en son temps par de nombreux travaux littéraires et historiques dont les principaux sont : *Les Notices sur le duc de Lorraine ; L'Histoire de René d'Anjou ; Les Monuments des Grands-maîtres de l'ordre de Saint-Jean de Jérusalem ; L'Histoire de saint Louis*.

Ces débuts littéraires eurent, en somme, sur Malgaigne, une influence utile qui se révéla plus tard. On peut remarquer en effet que l'excellente instruction classique qu'il reçut, son amour et son culte des lettres, ses essais dans la littérature, dans le journalisme même, ont donné prématurément à son esprit un éclat particulier et lui ont assuré une supériorité marquée, quand il appliqua ses talents à l'étude et à la pratique des sciences positives.

Cependant, loin de favoriser l'activité et l'ambition de Malgaigne, sa famille paraît avoir voulu en entraver l'essor. Quand il eut achevé à Nancy ses premières études médicales, Malgaigne en effet eut avec son père un conflit relatif à sa carrière. L'officier de santé de Charmes voulait que son fils, pourvu du même titre que lui, revînt dans sa ville natale et lui succédât dans ses modestes fonctions. Mais l'ambition du jeune homme était plus haute, ce qui amena une rupture avec les siens ; il partit pour Paris riche d'espérances, mais fort léger d'argent.

La plus grande gêne l'y attendait, il dut vivre avec 85 centimes par jour. Il travaillait couché dans son lit pour ne pas souffrir du froid, n'ayant pas d'argent pour allumer du feu; il préparait lui-même ses maigres aliments. Il menait réellement la vie misérable que Balzac a prêtée dans son imagination a plus d'un de ses héros. M. Jarjavay, dans l'éloge de Malgaigne qu'il prononça le 3 novembre 1866 à la séance de rentrée de la Faculté de médecine, a rappelé les durs commencements de cette grande existence, il a indiqué comment le pauvre étudiant parvenait à suffire à ses besoins : « Ce que Malgaigne avait appris en anatomie et en physiologie dans l'Ecole de sa province, il l'enseigne et sa main déjà savante dirige la main novice des nouveaux venus dans l'art des dissections ; il recueille des observations dans les cliniques et publie des articles dans les journaux de médecine. Au bout de quelque temps, il partage avec une sœur l'héritage paternel, en consacre le produit au maintien de ses études. Cependant, il se fût trouvé parfois dans le dénûment, si un homme non moins recommandable par les qualités de cœur que par celles de l'esprit, A. Chardin, un ami d'enfance, n'eut été là pour lui prêter appui. »

Cependant, Malgaigne, par un travail assidu, poursuivait avec succès la carrière dans laquelle il était entré. Au début, sa parole était peu sympathique ; sa voix avait un accent lorrain très prononcé qu'elle ne perdit pas entièrement ; il se laissait volontiers aller dans son langage à son humeur sarcastique, il péchait quelquefois par un ton déclamatoire, mais peu à peu, ces légers défauts disparurent, ou furent fort atténués, et sa puissance oratoire enleva tous les suffrages. En 1826, il fut reçu par concours élève de l'Ecole pratique. En 1827, il devint externe des Hôpitaux ; il obtint cette même année le prix de la Société médicale d'émulation pour son mémoire sur une *nouvelle théorie de la Voix humaine.* La nécessité lui fit alors embrasser la carrière de chirurgien militaire ; il entra au Val-de-Grâce en 1828, il obtint en 1829 le premier prix de chirurgie, la médaille d'or et il fut nommé chirurgien sous-aide major.

Dans cette période de sa vie il eut pour maître Gama, originaire de Rombas (Moselle) lequel, signe bien caractéristique de l'époque, était déjà membre de la Légion d'honneur et chirurgien principal des armées, quand il se fit recevoir docteur en 1814 à la Faculté de médecine de Montpellier. Le baron Percy rapporte dans son très intéressant Journal, récemment publié, que Gama, fit sous ses ordres, la campagne d'Espagne en 1809. Il rappelle qu'il le fit décorer avec d'autres chirurgiens par Napoléon et il ajoute dans son style touchant : « Ce jour sera compté parmi les plus beaux jours de ma vie. Gama est accouru tout rayonnant de joie et ivre de reconnaissance ; je me réjouis de lui donner le petit bout de ruban ». En 1812 Gama devint chirurgien en chef de l'Hôpital militaire de Strasbourg, de là il passa avec les mêmes fonctions au Val-de-Grâce à Paris où il fut nommé premier professeur à l'hôpital militaire d'instruction. Il vécut jusqu'en 1861.

Il a laissé de nombreux écrits sur l'Histoire de la médecine militaire en France, sur les plaies des armes à feu, sur le service de santé militaire, sur la Réforme des Hôpitaux de l'armée, sur l'organisation du corps des médecins militaires. Son esprit était étendu, il ne se bornait pas à suivre des méthodes connues avant lui, il s'appliquait à faire progresser la science médicale par des découvertes nouvelles. Gama exerça une influence marquée sur l'esprit de son élève ; il demeura lié avec lui par une amitié dont il lui donna une preuve en acceptant d'être l'un de ses témoins quand il se maria.

Malgaigne était sorti l'un des deux premiers au Concours ; il avait le droit, en cette qualité, de rester attaché au Val-de-Grâce, ce qui lui permettait de continuer avec facilité ses études spéciales ; aussi éprouva-t-il une grande surprise et un dépit légitime quand il reçut l'ordre de rejoindre un régiment pour y remplir les fonctions de son grade.

Il vit dans cette mesure une injustice et, pour ne pas s'y soumettre, il donna sa démission.

Le 9 août 1830 il présenta à l'Académie des sciences, un travail étendu sur une nouvelle théorie de la vision.

Le 28 mars 1831 il soutint sa thèse intitulée : *Paradoxes de médecine théorique et pratique*. M. Jaccoud dit à ce sujet : « Il avait vingt-cinq ans et cette thèse est aussi remarquable par l'étendue et la maturité des connaissances que par le mode de l'argumentation. La plus grande partie est un plaidoyer sur la nécessité d'un enseignement officiel d'histoire et de littérature médicales. L'argumentation ne demande rien au raisonnement ni aux considérations. Elle consiste uniquement à relever une série d'erreurs ou d'émissions accréditées faute de notions historiques exactes. » M. Jaccoud nous révèle que, dès cette époque, Malgaigne bravant des préjugés séculaires, prédisait une réforme considérable, que le temps a consacrée. « Un temps viendra où la charpie sera remplacée par des compresses, dans toutes les affections chirurgicales. » L'esprit profond et pénétrant du jeune docteur annonçait d'avance ce que l'avenir de la science devait réaliser, au grand étonnement des gens du monde et peut-être des savants.

Au moment où Malgaigne reçut le titre de docteur, la Pologne soulevée contre la Russie tentait de recouvrer son indépendance. Les députés du gouvernement insurgé étaient venus à Paris solliciter des appuis de toute sorte. Malgaigne consentit à aller porter les secours de la chirurgie française aux défenseurs de la Pologne. Il organisa une ambulance de neuf chirurgiens et de dix sous-aides, mais il stipula, avec la prudence d'un homme déjà mûr, qu'il ne recevrait d'ordres que des généraux et des chirurgiens en chef de l'armée, et que les pénalités des lois françaises seules pourraient être appliquées, s'il y avait lieu, à ses compagnons.

Malgaigne partit avec le titre de chirurgien divisionnaire attaché à la 4e division d'infanterie. On admirera l'audace de ce jeune homme de vingt-cinq ans qui acceptait une fonction aussi difficile à remplir au milieu d'une armée où, sans parler des dangers inévitables de la guerre, le service médical n'existait pas et où il fallait tout créer.

Il eut à lutter avec des difficultés de toute espèce : la police prussienne, d'abord, arrêta au passage l'ambulance qui eut la plus grande peine à lui échapper ; en Pologne, les médecins ne firent à l'ambulance française qu'un accueil des plus froids ; ils témoignèrent à son endroit des sentiments d'hostilité jalouse qui auraient déconcerté une âme moins énergique que celle de son chef. Il parvint enfin à triompher d'une rivalité fatigante et tracassière au prix des plus grands efforts. La situation était grave ; en effet Malgaigne et ses collègues eurent non seulement à soigner les victimes des batailles, mais à lutter contre la première invasion du choléra asiatique qui exerçait dans toute l'Europe épouvantée d'affreux ravages.

Il sut demeurer à la hauteur de ses devoirs professionnels, faire respecter partout le nom français, prodiguer aux malades les soins les plus éclairés et les plus attentifs. Il resta sur la brèche jusqu'au dernier jour de la luttte. A l'assaut de Varsovie, il fut décoré de la Croix d'or de Pologne, première distinction qu'il avait bien gagnée. Il raconta lui-même qu'il quitta Varsovie en septembre 1831, sous une pluie de balles, fouettant vigoureusement son cheval pour échapper à ce dernier danger. Il rapporta de cette campagne, avec beaucoup de désillusion, une horreur physique du froid auquel il demeura très sensible jusqu'à la fin de sa vie.

A son retour, il publia en 1832 un mémoire intitulé : « Coup d'œil sur la médecine et la chirurgie en Pologne durant la dernière Révolution, par J.-F. Malgaigne de Charmes, ex-médecin de division dans l'armée polonaise, membre de la Société anatomique de Paris, de la Société d'ambulance des Vosges ». Cet opuscule a été écrit avec une vivacité de langage qu'on retrouvera souvent dans les autres productions de l'auteur ; il contient de tristes détails sur l'état de la médecine en Pologne. On en jugera par ces extraits : « Au-dessous de la classe des médecins-docteurs, riches, accapareurs de la haute clientèle se présentaient deux ressources : d'une part les étudiants en médecine, dont le nombre ne dépassait pas une centaine, puis la classe des *felchers* ou barbiers-chirurgiens du pays. Car, dans les sommités du doctorat, il était rare de rencontrer des hommes capables d'opérer : *la chirurgie n'a pour ainsi dire pas de nom en Pologne*. Quelques faits caractéristiques montreront mieux l'état d'abaissement et d'abandon de cette partie de l'art. Le chef du service de santé militaire était un professeur en médecine, *n'ayant jamais manié un couteau de sa vie* : le chef de la section de médecine de la commission ministérielle de la guerre, chargé de faire les achats d'instruments, ne put jamais, un jour, m'en expliquer l'usage ; les chirurgiens militaires ne portent qu'un nom commun : *Lekarz*, médecin, et, quand la première ambulance se présenta au conseil de santé sous le titre de chirurgiens français, on leur dit : « Vous êtes donc des felchers ! » On avait cru pouvoir compter sur le patriotisme des médecins de Varsovie, un grand nombre manqua au plus saint des devoirs. »

Malgaigne ajoute que si la Pologne fit appel à des étrangers pour secourir ses enfants, cet appel solennel eut des échos : « Il arriva plus de soixante médecins français. Qu'on nous passe un moment d'orgueil, à nous Français, nous surpassions en nombre tous les autres. Tous les départements n'avaient point également concouru à cette noble mission ; les plus nombreux venaient de Paris; *après Paris venait la Lorraine.* Ce sont aussi les médecins français qui dans la même proportion ont payé le plus cher leur dévouement à la Pologne ; onze à notre connaissance sont morts, et la France n'a pas encore revu tous les autres ».

Malgaigne entre dans des détails techniques sur le triste tableau qu'offrit, dans cette campagne, la médecine polonaise. Les mêmes causes qui perdirent l'armée et la nation réagissaient sur les institutions d'un ordre inférieur : la jalousie des nationaux contre les étrangers, et une sorte de mauvais génie répandu dans presque toutes les administrations qui semblaient regarder comme hostiles la Révolution et tout ce qui s'y rattachait. Qu'un médecin étranger proposât quelque réforme salutaire, on le traitait de brouillon. Comment les généraux, les ministres, les administrateurs patriotes ne cherchaient-ils pas à remédier à toutes ces causes de désordre ? Comment! c'est un grand mystère, à moins qu'on ne veuille l'expliquer par le caractère faible, léger, insouciant de cette nation si héroïque sur les champs de bataille et le souvenir qu'ils ont un proverbe national qui n'a pu prendre naissance que chez eux : *l'Anarchie soutient la Pologne* ».

Les connaissances scientifiques de Malgaigne, son talent d'écrivain, l'appelaient à faire partie de la

Presse scientifique, dans laquelle il entra, et où il eut bientôt la première place. Dès 1832, il fut choisi comme rédacteur de la partie chirurgicale de la *Gazette médicale* de Paris. Il y rendit compte des leçons et des observations de Dupuytren et de Lisfranc dans leurs cliniques.

En 1832, il se présenta au Concours pour l'agrégation de Chirurgie, il ne fut pas nommé ; cependant il s'était montré, dans les deuxièmes épreuves des concours, un candidat exceptionnellement distingué non seulement par ses connaissances scientifiques, mais par son talent oratoire de premier ordre. Sa parole incisive ne ménageait pas ses concurrents. La façon dont il traita l'un d'eux est demeurée célèbre : « Il y a, disait Malgaigne, dans la thèse que M. X... vient de soutenir, des choses qui sont nouvelles et des choses qui sont bonnes ; malheureusement celles qui sont nouvelles ne sont pas bonnes, et celles qui sont bonnes ne sont pas nouvelles. »

En 1834, il donna au public, un *Manuel de médecine opératoire*, ouvrage qui devint aussitôt classique, qui obtint et conserva pendant longtemps une vogue bien méritée, qui fut traduit en anglais, en allemand, en russe, en arabe et qui a eu sept éditions en plus de trente ans. Cette œuvre rédigée avec une précision parfaite, avec une modération dans la critique qui n'était pas habituelle à son auteur, mit alors tout à fait en relief, le nom déjà connu de Malgaigne et le rendit universellement populaire. Ce livre porte cette devise qui résume les sentiments de Malgaigne sur son art : *sécurité*, *simplicité*, *célérité*.

En 1835, il devint à la fois professeur agrégé à la Faculté de médecine et chirurgien du bureau central des hôpitaux. Il fut attaché à l'hôpital Saint-Louis et ensuite à celui de la Charité.

Il institua à l'École pratique des cours publics sur l'anatomie chirurgicale; il les continua pendant quatre ans ; la foule se pressait pour entendre ce jeune professeur, à la science profonde, à l'éloquence enflammée, à la conviction sincère et débordante. Les réformes à opérer, les progrès à accomplir, les idées nouvelles à faire passer du domaine de la théorie dans celui des faits, tout abondait dans cet enseignement et lui donnait une allure originale qui enlevait toutes les sympathies des auditeurs. Sans doute quelques paradoxes se glissèrent parmi de nombreuses vérités, mais, comme l'a dit J.-J Rousseau, il vaut mieux être un homme à paradoxes qu'un homme à préjugés. D'ailleurs ces paradoxes furent peu nombreux et le flot des vérités professées, dépassa toujours les quelques erreurs auxquelles n'échappent pas ceux qui recherchent le vrai et qui l'enseignent.

Quelque temps après, Malgaigne organisa un Bureau central des conférences célèbres sur les hernies et les bandages.

En 1838, il fit paraître le *Traité d'anatomie chirurgicale et de chirurgie*, œuvre entièrement originale par le fond et la forme et contrefaite la même année en Belgique. En 1840, il fonda le *Journal de Chirurgie* qui obtint bientôt un rang élevé dans la presse scientifique par le talent de son directeur ; il y combattit avec une ardeur sans égale les erreurs de son temps ; il y attaqua notamment avec une activité toujours croissante la myotomie rachidienne et d'autres opérations orthopédiques de Jules Guérin, et il eut à soutenir à cette occasion un procès retentissant dont il sera question plus loin.

En 1846, il fut nommé membre de l'Académie de médecine après avoir figuré six fois sur la liste des candidats.

En 1847, il devint rédacteur en chef de la *Revue médico-chirurgicale de Paris*.

La même année, parut le premier volume de son *Traité des fractures et des luxations*, la plus importante de ses œuvres, toutes d'ailleurs nouvelles et originales. Malgaigne était surtout un chirurgien encyclopédiste ; toutes les branches de la chirurgie l'attiraient, et il avait sur beaucoup d'entre elles, avec la connaissance du passé, des idées personnelles qu'il répandait par la plume et la parole ; les études des fractures et des luxations, celle des hernies tinrent toujours le premier rang dans ses travaux.

A la fin de 1847, il fut nommé député du IVe arrondissement de Paris.

En 1841, il s'était présenté pour la Chaire de médecine opératoire, en 1842 pour une Chaire de pathologie externe. Il n'avait pas réussi dans ces diverses tentatives ; il est permis de croire que tous ceux qu'on lui préféra ne le valaient pas, mais les concours des Facultés et le choix des Académies offrent souvent de ces surprises et la médiocrité banale y prime parfois le talent original et supérieur.

Quoi qu'il en soit, le 23 mars 1850 après une campagne de dix ans, Malgaigne fut nommé professeur de médecine opératoire. Sa thèse avait pour objet le *Parallèle des diverses espèces de tailles*. Le président du concours était Roux dont il devait écrire plus tard l'éloge. Parmi ses compétiteurs nous citerons : Gosselin, Jarjavay qui devait prononcer son Éloge funèbre, Richet, Nélaton, Robert. Il réunit 8 voix, Nélaton en avait obtenu 4 et Robert 3.

Ce fut alors que Malgaigne, ennemi des préjugés et de la routine, marqua davantage encore sa place dans l'histoire de la Science, par l'indépendance des conceptions, ainsi que par une connaissance profonde des doctrines du passé. Son succès fut aussi grand à la Faculté de médecine qu'à l'Académie. A ce point de vue, il semble qu'il n'a été, à son époque, surpassé par aucun de ses rivaux.

« A l'Académie, écrit M. Jaccoud, sa carrière fut toute d'éclat et d'utilité. Non content d'apporter de fréquentes contributions aux progrès de la chirurgie, il prenait place à toutes les discussions importantes et son intervention toujours chaleureuse et entraînante était décisive ; en toute occasion elle frappait par le talent de l'exposition, par la clarté dans la discussion des questions, par la logique de l'argumentation, par l'interrogation pénétrante des faits et la soumission constante à leur enseignement, par le maintien de la saine doctrine philosophique, par l'impitoyable exactitude de la méthode historique. Faut-il dire la merveilleuse éloquence de ses discours, ajoute M. Jaccoud, mes paroles ne pourraient rien apprendre à ceux qui les ont entendus, elles ne pourraient rien ajouter à la consécration de la renommée qui en a transmis la mémoire. L'élévation des idées y répond à l'élévation du langage; une déontologie irréprochable, le souci constant de la dignité de l'Académie, la loyale répartition des droits de chacun, la défense générale du droit du faible contre le fort, tout y montrait les qualités morales au niveau du talent oratoire. »

S'il était ardent dans ses attaques contre la fausse science et ses partisans, il ne craignait pas, d'un autre côté, de prendre la défense avec son énergie habituelle soit à l'Académie soit ailleurs de ceux de ses confrères qu'il estimait avoir été injustement attaqués dans leurs personnes ou dans leurs idées. Un médecin français, Auzias-Turenne, qui devait mourir en 1870, avait inventé l'inoculation du virus syphilitique comme moyen préventif contre la syphilis. Il fut violemment attaqué en 1852 à l'Académie. Malgaigne avait condamné la syphilisation préventive comme immorale, il réserva la syphilisation curative faute d'éléments pour la juger, mais il défendit l'inventeur dont on avait jeté la personnalité dans la discussion. Ce dernier et les siens demeurèrent toujours reconnaissants de l'intervention de Malgaigne. Nous-même après la mort d'Auzias-Turenne, nous reçumes un jour de l'ami et de l'exécuteur testamentaire de ce médecin, l'expression des sentiments de respect et de reconnaissance qu'avait inspirés la généreuse intervention de Malgaigne en faveur d'un savant injustement décrié.

A une autre séance de l'Académie il prononçait à l'occasion d'un travail de Bouchut, professeur agrégé de la faculté, ces paroles que M. Jaccoud a rappelées et qui sont encore à son honneur. « M. Bouchut est parfaitement en état de se défendre lui-même; s'il arrivait pourtant que le débat prît un caractère personnel où l'on put craindre de voir le faible attaqué par le fort, je ne le nierai pas, Messieurs, je ne serais pas un des derniers à me porter à sa défense. J'ai eu aussi mes épreuves de jeunesse ; j'ai eu aussi peut-être ma part d'injustice à supporter. Je me suis promis autant qu'il serait en moi d'en épargner la douleur à autrui. »

Vers 1860, le Dr Rouillon a tracé de Malgaigne dans le *Panthéon Parisien* le portrait suivant qui est un des plus fidèles : « De taille moyenne il a la démarche vive, l'air songeur, sobre de paroles et malgracieux pour les diseurs de rien ; il est accessible et bienveillant pour tous les travailleurs et il couvre d'une protection toute spéciale les faibles et les persécutés. »

L'auteur, ajoutait: « Je ne connais à M. Malgaigne que deux physionomies, la première, la plus habituelle, froide, impassible, un peu dure ; l'autre rare, un rire qui a des dents, souvent silencieux mais particulièrement sarcastique et railleur. Lorsque dans une discussion académique ses adversaires voient paraître ce rire, ils sont mal à l'aise, c'est l'éclair qui précède la foudre ; c'est le précurseur d'une de ces bombes oratoires, bourrée d'une mitraille de sarcasmes étincelants, d'arguments qui brisent et fracassent les discours lourds et vides qui obstruent parfois la tribune académique.

« M. Malgaigne est un orateur complet, c'est le côté le plus saillant de son caractère. Il sait faire vibrer toutes les cordes de l'éloquence et possède au suprême degré cet esprit français qui jaillit naturellement, sans recherche et sans prétention, cet esprit qui sert de broderie à la phrase et orne les arguments solides sans prendre leur place. Le barreau a bien peu de noms qui peuvent lui être comparés sous le rapport de l'éloquence. Lorsque M. Malgaigne doit prendre la parole à l'Académie, l'enceinte est trop petite pour contenir le public des grandes occasions ; lorsqu'il fait son cours à la Faculté, la foule remplit ce vaste amphithéâtre où plusieurs de ses collègues n'ont eu pour auditeur que l'écho de leur voix. »

Nous n'avons pas entendu personnellement Malgaigne à l'Académie, mais le bruit de ses triomphes oratoires a retenti plusieurs fois à nos oreilles, dans notre jeunesse. La Tribune, qui lui valut tant de succès dans la salle de la rue des Saint-Pères est presque historique ; c'est là, vers le même temps, dans les années 1861 et suivantes que se tenaient le soir, les séances de la Conférence Molé où nous vîmes débuter avec un succès sans exemple Léon Gambetta.

A la Faculté, dans sa chaire de professeur de médecine opératoire, Malgaigne déploya pendant quinze ans des qualités aussi brillantes. Ce qui attirait en foule les auditeurs, c'était l'érudition du maître, l'originalité de son enseignement, la clarté de ses exposés, le mouvement passionné de la démonstration, et aussi les attaques mordantes et redoutables d'un critique qui, de sa voix bien timbrée et énergique, flétrissait l'erreur, l'ignorance ou le charlatanisme. Malgaigne se montrait l'adversaire intraitable de la fausse science et l'ennemi de ceux qui substituaient à l'étude des faits des assertions sans preuves ; il ne reconnaissait d'autre autorité scientifique que l'observation rigoureuse. A l'Académie, à l'Ecole, à la Société de chirurgie il ne cessa de donner à la Science chirurgicale un éclat nouveau ; il se faisait de sa profession la plus belle idée ; il la résumait dans cette devise qu'il composa pour la Société de chirurgie : « *Réalité dans la science, moralité dans l'art.* » C'était celle même de sa vie.

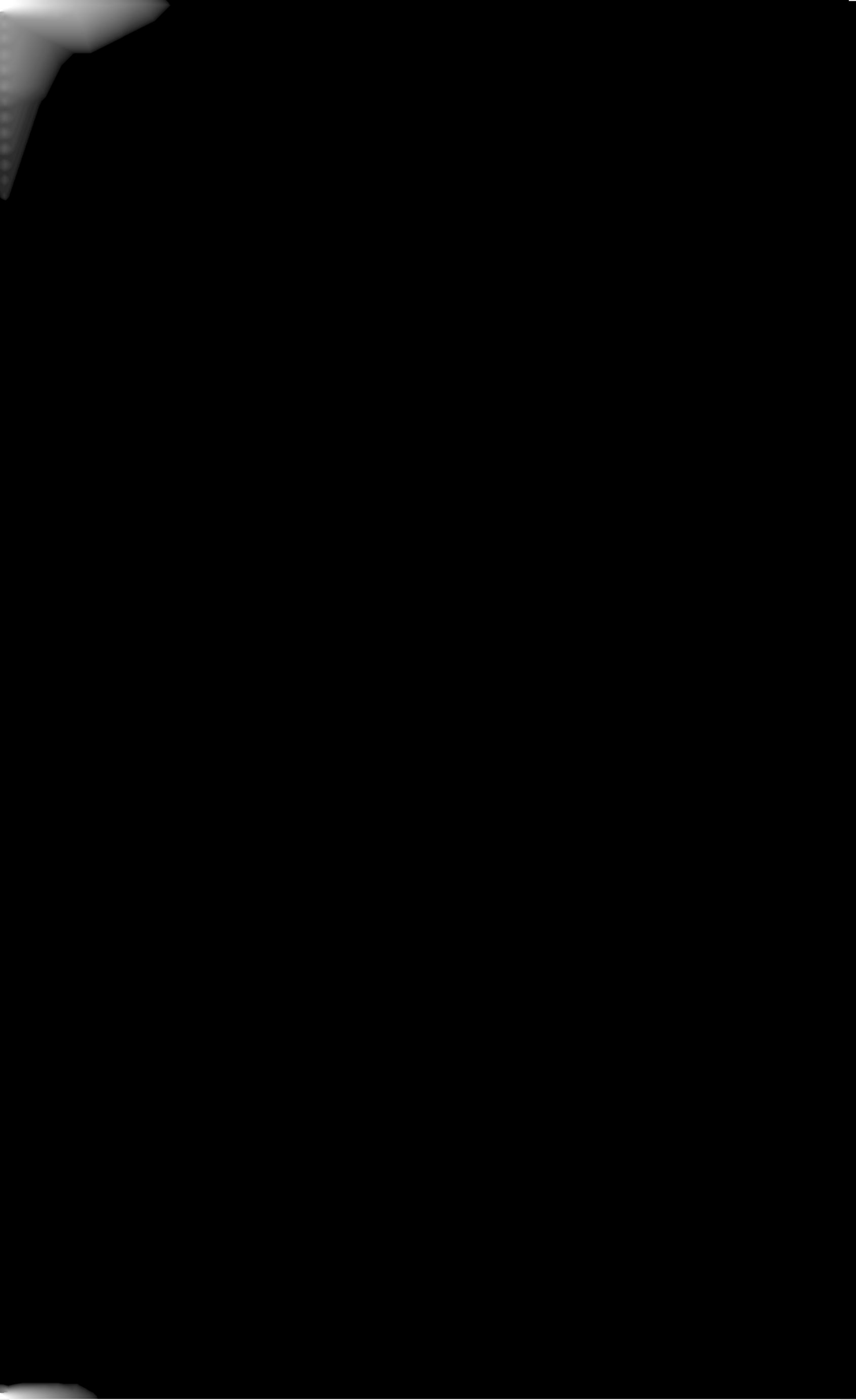

sions, l'interpellation devenait un programme : « Monsieur le bandagiste, disait-il alors, prenez garde, je vous avertis, je vais aujourd'hui travailler à votre ruine, et la leçon continuait, démontrant la nécessité de rendre aux chirurgiens la pratique abandonnée aux fabricants d'appareils. Le plus souvent des remerciements et des éloges étaient donnés à Charrière et sa figure rougissante s'épanouissait largement en un rire confus qui témoignait de sa fière et joyeuse satisfaction. »

Cela peint, aurait dit d'une telle scène le duc de Saint-Simon.

Le Dr Legros d'Aubusson, dans un article de la *Gazette des Hôpitaux* du 23 juin 1863, a donné un témoignage frappant du succès du professeur et de l'impression qu'il produisait.

« Lorsque j'entendis pour la première fois M. Malgaigne dans un brillant concours, je fus émerveillé. J'ai suivi l'enseignement de ce professeur à la Faculté, je l'ai revu dans les assemblées, et ma première impression est devenue de plus en plus profonde. J'ai lu et relu ses livres et mon admiration n'a fait que s'accroître. On l'a dit avec raison, l'introduction aux œuvres d'Ambroise Paré renferme les plus belles pages que l'on ait jamais écrites sur l'Histoire de la chirurgie. Le nom du vieil Ambroise revient souvent dans les discours de M. Malgaigne, la parole éloquente et la plume élégante de ce professeur ont mis le sceau à la renommée du chirurgien de Charles IX. C'est surtout dans sa chaire, que le professeur d'opérations est beau et noble à voir parler; à sa première leçon, il parla des destinées de la chirurgie avec tant d'éloquence que l'amphithéâtre de l'Ecole de Paris ne retentit jamais de pareils applaudissements. On eut dit une aigle qui planait. A certains moments il étendait les bras comme pour nous faire voir dans l'avenir cette terre promise dont il parlait et dont ses leçons indiquaient le chemin. Il aime à montrer l'influence différente de la philosophie baconnienne et du cartésianisme sur les progrès de la science; il revendique énergiquement les droits de l'expérience. »

L'activité de Malgaigne était sans égale, il semblait ne pas connaître le repos; il était constamment sur la brèche dans les débats de l'Académie de médecine, il y traitait les sujets les plus divers avec une égale autorité. Nous le voyons de la sorte prendre part aux discussions suivantes : Sur les plaies des armes à feu. — Sur les morts attribuées au chloroforme. — Sur la syphilisation. — Sur les sourds-muets. — Sur les déviations utérines. — Sur la curabilité du cancer. — Sur les kystes ovariques. — Sur la méthode sous-cutanée. — Sur la trachéotomie. — Sur la force vitale. — Sur l'insalubrité des eaux de Paris, etc.

Son esprit était ouvert à toutes les questions; on ne voyait pas alors comme aujourd'hui autant de médecins attachés exclusivement à une spécialité, méthode qui présente tant d'inconvénients et même de dangers pour le public qui s'y prête aveuglément. Il est vrai que la médecine n'a pas gardé le monopole de ces spécialités fructueuses et qu'elles se sont étendues au barreau et à d'autres professions libérales, au grand regret de plus d'un ancien.

Ce n'était pas par la parole seulement que Malgaigne répandait alors ses doctrines, mais aussi par d'incessants ouvrages. Sans parler de ses grands Traités scientifiques, nous le voyons publier sans cesse des mémoires ou des articles sur les matières les plus variées de l'Histoire de la médecine ou de la thérapeutique. Pleins d'érudition, riches de faits curieux et peu connus, écrits dans une langue claire et accessible à tous, ces opuscules rehaussent encore le mérite de l'auteur. Dans cet ordre de faits, nous citerons seulement ses lettres sur l'Histoire de la chirurgie, ses études sur l'organisation de la médecine grecque avant Hippocrate, son tableau sommaire de l'Histoire de la Philosophie de la Chirurgie, ses recherches sur les Asclépiades et les Asclépions, ses observations sur la chirurgie dans la Bible, sur l'anatomie et la chirurgie d'Homère, etc.

En 1859 Malgaigne était le chirurgien de l'hôpital Beaujon, place qu'il occupait depuis plusieurs années. Il passa de là à l'hôpital de la Charité en 1860. A la fin de l'année 1862, il ressentit pour la première fois la fatigue. Il résigna, avant d'atteindre la limite d'âge, les fonctions de chirurgien des hôpitaux et le 16 janvier 1863, il fut nommé chirurgien honoraire.

Il continua à donner son enseignement à l'Ecole avec le même zèle et autant de succès qu'autrefois.

Le 23 décembre 1863, il fut nommé à l'unanimité vice-président de l'Académie de médecine et il en devint le président en décembre 1864. Il avait dit autrefois, quand il en était injustement écarté : « *On ne veut pas de moi, mais j'enfoncerai la porte* ». Le moment de la réparation complète était arrivé. Malheureusement, au cours d'un travail sans frein, il n'avait pas consulté ses forces qu'il avait épuisées peu à peu par de nobles excès ; il était devenu d'une santé délicate, il était sujet à de fréquentes indispositions d'abord sans gravité, puis plus sérieuses. En 1864, il ressentit les premières atteintes de la maladie qui devait l'emporter, mais il ne vit là qu'un accident passager et il ne suspendit pas les habitudes laborieuses de sa vie. Le 10 janvier 1865, comme il présidait l'Académie de médecine, il fut pris d'un malaise subit et il tomba du fauteuil atteint d'une apoplexie irrémédiable. Noble fin de cette carrière terminée au champ d'honneur, au lieu même de ses plus grands succès! Le malade atteint d'une paralysie générale survécut quelques mois à ce coup redoutable. Privé de la vie intellectuelle dont la source était tarie, il passa ses derniers jours dans une maison de campagne à Saint-Gratien où il s'éteignit le 17 octobre 1865 à l'âge de cinquante-neuf ans.

CHAPITRE II

LES IDÉES DE MALGAIGNE SUR LA MÉDECINE ET LA CHIRURGIE. — SES TRAVAUX. — JUGEMENTS PORTÉS SUR LUI PAR VELPEAU, DENONVILLIERS, DE SACY. — SON ÉLOGE PAR JARJAVAY. — LE VITALISME ET LES PRINCIPES DES DOCTRINES DE MALGAIGNE. — SON ÉLOGE PAR M. JACCOUD. — SES ÉLÈVES. — LÉON LE FORT. — ÉCRITS DE MALGAIGNE SUR LA BIBLE, SUR JEANNE D'ARC. — CHOIX D'UNE BIBLIOTHÈQUE. — SA VIE INTIME.

Il ne nous appartient pas d'examiner au point de vue spécial de la chirurgie, les travaux de Malgaigne, les applications pratiques de ses découvertes, et les progrès qu'il a fait faire à la science. Mais, sans aborder ces points techniques, nous pouvons rechercher les idées générales qui animaient ce savant praticien, les traits originaux de son enseignement et de ses publications, les principes sur lesquels il se fondait pour la recherche et la manifestation de la vérité.

Nous nous arrêterons ensuite sur quelques-uns de ses écrits, qui nous instruiront tant sur ses propres vues que sur les traditions anciennes et les progrès permanents de la chirurgie.

Malgaigne, nourri de l'étude des anciens, n'a jamais manqué de rappeler à ses auditeurs les enseignements du passé, et de leur exposer, avec la marche insensible de la science d'autrefois, les liens qui unissaient le présent au passé.

Il aimait, soit par la parole, soit dans ses écrits, à retracer l'histoire de la médecine et surtout de la chirurgie, si perfectionnée depuis le temps où Galien la définissait si bien en quelques mots : « Cette partie de la thérapeutique qui guérit par les incisions, les cautérisations, les remplacements des os et d'autres opérations de la main. »

Malgaigne ne craint pas de remonter aux premières sources de l'histoire, à la Bible, aux épopées d'Homère. Déjà, en effet, dans l'Iliade, Machaon et Podalire, fils d'Esculape, pansent les blessés du siège de Troie, extraient les dards et les flèches, versent des baumes sur les plaies.

Pour un historien et un philosophe, quel instructif tableau présente l'ensemble du progrès de la médecine aux divers âges de l'humanité !

On voit successivement apparaître dans cette carrière constamment parcourue par la science, l'école d'Alexandrie riche en nombreux médecins, Rome illustrée par Celse et Galien, puis les Arabes, si avancés dans l'art de guérir.

Le progrès s'arrête, cette chaîne est rompue par l'obscurité du moyen âge où la médecine végète, où la pratique des opérations est laissée aux barbiers. La Renaissance relève cet art déchu et nous donne : Vésale, Paracelse, et chez nous, le plus grand de tous, Ambroise Paré.

Une éclipse nouvelle survient, mais Louis XIV, en 1671, rétablit au Jardin des Plantes, l'enseignement de la chirurgie qu'illustrèrent sous son règne : Félix, Mareschal et Dionis. Louis XV en 1743 sépara les barbiers des chirurgiens.

En 1741, l'Académie royale de chirurgie avait été fondée et les noms de ses membres ne sont pas oubliés : Quesnay, Louis Portal, Sue, Desault, Baudelocque, Pelletan, Antoine Dubois, Deschamps.

Au XIXe siècle, une pléiade de nouveaux maîtres jette un éclat incomparable sur la chirurgie : les deux plus grands noms furent : en France celui de Dupuytren, en Angleterre celui de Astley Cooper dont Malgaigne a écrit la biographie.

Enfin, de nos jours, par suite des inventions de l'anesthésie, de l'antisepsie, des découvertes de Pasteur et de ceux qui lui ont succédé, la chirurgie a fait des progrès inouis dans toute l'Europe et atteint tant dans la science que dans la pratique une perfection sans exemple.

Les précurseurs de ce triomphe ne doivent pas être oubliés et l'un des plus grands fut assurément Malgaigne.

Si, dans son ambition des découvertes et des réformes, il s'est laissé entraîner à certaines erreurs, qui ont été relevées par les critiques compétents, il est incontestable qu'à ce travailleur infatigable la science a été redevable de plus d'un de ses progrès.

Son esprit n'était pas renfermé dans les étroites limites d'une spécialité. Il s'élevait naturellement aux conceptions générales dans le domaine de la pensée.

Dans son essai sur l'*Histoire de la philosophie de la chirurgie*, il retrace, avec une grande profondeur de vues, les influences que la chirurgie subit forcément dans le mouvement universel des idées :

« Quelles sont, dit-il, les grandes influences qui, à de longs intervalles, ont agi sur la chirurgie et lui ont fait prendre chacune à son tour, un aspect nouveau et un autre caractère ? Laissez de côté les commotions politiques, les guerres, les invasions ; que les Grecs fassent place aux Romains et les Romains aux Arabes, les tendances de la chirurgie n'auront pas changé pour si peu. La science pourra bien s'en aller d'un peuple à l'autre, emportant ses manuscrits et ses livres, l'esprit restera le même, si une action plus puissante ne l'a modifié. Cette influence capitale, cette influence dominatrice et irrésistible vous la trouverez dans les révolutions de l'esprit humain lui-même. Quelque soit le dogme philosophique ou religieux sur lequel l'homme règle ses croyances, qu'il s'en fie à son sens ou à son imagination, qu'il plie sous le joug de l'autorité ou se révolte au nom de la science pure, vous verrez la chirurgie dans sa sphère spéciale, marcher dans la même voie, obéir aux mêmes impulsions, s'égarer dans les mêmes erreurs. »

La hardiesse des opinions de Malgaigne, le caractère particulier et nouveau de beaucoup d'entre elles, l'ardeur des luttes scientifiques soutenues par lui, avaient conduit, pendant sa vie, quelques-uns de ses contemporains à ne pas lui rendre une exacte justice.

Mais après sa mort, un jugement plus équitable, en faisant taire toute hostilité, a prévalu et lui a assuré unanimement, un des premiers rangs dans la science.

Comme l'a écrit Voltaire : « Les justes louanges sont un parfum que l'on réserve aux morts. » Malgaigne avait pris pour règle de sa vie ces vers de son auteur favori, le philosophe de Ferney :

Ne pas travailler c'est mourir
L'oisiveté pèse et tourmente,
L'âme est un feu qu'il faut nourrir
Et qui s'éteint s'il ne s'augmente.

Quand il disparut, toutes les voix reconnurent les mérites éclatants de ce grand travailleur. Nous ne relèverons, dans ce tribut de regrets et d'éloges, que ce qui peint véritablement l'homme à qui on le décernait.

Velpeau, son ancien maître dont il était devenu le collègue, dans le discours qu'il prononça sur sa tombe, déclarait qu'il voyait dans Malgaigne la plus éblouissante figure, peut-être, de la science de son temps. « En 1829, il m'étonne, moi simple agrégé, par ses connaissances, son indépendance et l'audace de ses opinions. C'est à partir de là que je puis m'honorer de l'avoir eu un instant comme disciple, puis comme collègue, comme ami le plus sympathique, de l'avoir suivi avec lenteur dans son ascension et d'avoir pu le défendre même contre quelques-uns de ses rivaux, qui lui refusaient certaines qualités secondaires à mon sens...

« Sa ligne principale, ajoutait Velpeau, le travail de sa vie, celui qui le passionnait davantage, a été de changer à un double point de vue la direction des grandes questions chirurgicales. Il s'est efforcé de substituer aux affirmations, aux formules d'à peu près, les jugements par les chiffres, par la comparaison des grands nombres, de faire prévaloir en un mot les statistiques bien faites en chirurgie. Il s'est attaché en outre à démontrer que pour connaître la valeur réelle des opérations chirurgicales, il ne suffit pas, comme on le faisait avant lui, de suivre le blessé ou l'opéré jusqu'à la cicatrisation des plaies, jusqu'à ce qu'on est convenu d'appeler la guérison ; qu'il fallait en outre savoir ce que devenaient dans l'avenir les malades, afin de bien connaître les inconvénients et les difformités finales. »

Quand il prononçait ces paroles, Velpeau, plus âgé de onze ans que Malgaigne, était lui-même au comble de la gloire médicale ; moins brillant orateur que ce dernier, moins habile opérateur que plusieurs de ses collègues, il était renommé par son tact chirurgical, son habileté dans le diagnostic, son honorabilité exceptionnelle dans son art.

Velpeau, le fils d'un maréchal ferrant de la Touraine, en retraçant les débuts de Malgaigne si pénibles et si pareils aux siens, faisait sans nul doute un retour sur lui-même, quand il ajoutait ces éloquentes paroles :

« Tous ces emplois, honneurs, renommée, étaient honnêtement, loyalement, noblement acquis par Malgaigne. S'il est vrai cependant que l'homme actif use ainsi les deux tiers de sa vie à poursuivre et à conquérir des objets et du bien dont il ne peut jouir, il est vrai aussi que le travail, gouverné par une ambition légitime, est et sera toujours la principale marque, la seule source réelle du bonheur auquel il puisse prétendre sur terre. *La perspective éloignée qu'on a sans cesse devant les yeux et dont on se délecte le long de la route ne vaut-elle pas le bonheur lui-même?* »

Denonvilliers, qui succéda à Malgaigne dans sa chaire de médecine opératoire, prononça le 15 décembre 1865, à l'ouverture de son cours, une allocution où il peignit avec une vérité frappante son devancier qu'il jugea surtout comme orateur. Dans cette courte esquisse, on voit revivre l'homme tout entier.

« Ce qui dominait chez Malgaigne, c'était la passion. Son éloquence était du genre véhément; les formes du langage qu'il affectait et qui lui étaient le plus familières étaient : l'interrogation, l'apostrophe, l'ironie, le sarcasme, et jusqu'à l'invective. C'est là dans les grandes discussions qu'il brillait surtout et qu'il fallait le voir et l'entendre. Qui ne l'a pas entendu, ne l'a pas connu ; qui l'a entendu ne l'a connu qu'incomplètement, car il fallait l'entendre et le voir cet homme qui parlait en quelque sorte de toute sa personne. Comment oublier mais aussi comment reproduire, pour ceux qui ne l'ont pas connu, cette physionomie ardente et passionnée, ce visage animé et mobile jusqu'à la grimace, ce geste heurté et saccadé, ce tremblement du corps qui trahissait l'agitation intérieure, ce débit accentué et pittoresque ; cette voix surtout, cette voix que je n'ai connue qu'à lui ; cette voix au timbre métallique, qui savait pourtant prendre toutes les inflexions commandées par le mouvement des idées et l'expression du discours, qui tantôt concentrée, sombre, voilée, ne semblait s'échapper que malgré lui et comme poussée par un profond effort, et tantôt retentissait éclatante, comme le son de la trompette sonnant la charge de la victoire ? Il se grisait de sa parole a dit un de ses admirateurs. Cela est vrai, par moments et au milieu de ses plus chaleureuses inspirations, *on sentait qu'il ne se possédait plus ou plutôt il semblait possédé du démon de l'Éloquence* ; sa parole se précipitait alors comme un torrent qui entraînait tout sur son passage mais par lequel il était entraîné lui-même, bien au delà des limites qu'il s'était tracées d'abord. »

La forte personnalité de Malgaigne ne lui avait pas attiré seulement dans le monde médical la considération et l'estime, elle avait su gagner ailleurs le suffrage de plus d'un esprit délicat de son temps.

Le 20 octobre 1865, un fort bon juge, Sylvestre de Sacy, de l'Académie française, rendait dans le *Journal des Débats*, un hommage touchant à la mémoire de Malgaigne qui venait d'expirer.

L'écrivain rappelait ses divers titres et il ajoutait :

« Ces titres, il les avait tous conquis l'un après l'autre par d'immenses travaux qui lui assureront un nom à jamais célèbre dans la Chirurgie française. Hélas! c'est l'excès même de ces travaux, qui ont épuisé prématurément ses forces, fatigué sa tête et qui, à l'âge de cinquante-neuf ans à peine, l'ont conduit au tombeau! M. Malgaigne n'était pas seulement un chirurgien et un savant de premier ordre; son esprit embrassait tout, il avait tout lu, réfléchi sur tout; il était prêt sur toutes les questions, et ses connaissances n'avaient d'autres bornes que l'étendue même des connaissances humaines. Sa conversation vive et ingénieuse faisait jaillir avec une abondance extraordinaire, des idées toujours originales. Il n'était pas nécessaire d'être un savant pour se plaire avec M. Malgaigne. Il suffisait d'avoir l'esprit assez ouvert, pour le suivre et pour le comprendre. Loyal, généreux, obligeant, son souvenir ne s'éteindra pas dans le cœur de ceux qui l'ont connu. D'autres apprécieront dans M. Malgaigne le professeur éloquent, le praticien de premier ordre, l'observateur profond, l'écrivain auquel la chirurgie de notre temps doit quelques-uns de ses plus beaux monuments. C'est l'homme seul que celui qui écrit ces lignes a pu apprécier dans des rapports trop tôt interrompus ; il tient à donner ce dernier témoignage d'affection à la mémoire d'un ami. »

En 1866, la Faculté de médecine conservait encore le pieux usage de faire prononcer par un de ses membres, à la séance de rentrée du mois de novembre, l'éloge des professeurs illustres qu'elle avait récemment perdus. Jarjavay reçut la mission de retracer la vie et les travaux de Malgaigne.

Il s'acquitta de ce soin avec un vif succès, en exposant, de la façon la plus exacte, l'ensemble de cette glorieuse carrière, et en rendant au fils de l'humble praticien de Charmes, la justice qui lui était due.

Les réserves que l'orateur fit sur certaines méprises du chirurgien, sur des erreurs du professeur, sur le caractère excessif de quelques critiques ou polémiques, ne portaient, comme il l'a dit lui-même, que sur des points très secondaires. Par là même d'ailleurs, elles enlevaient à cette brillante étude la fadeur banale de certaines oraisons funèbres, et faisaient ressortir d'autant plus les justes éloges décernés aux qualités exceptionnelles du modèle.

C'est dans cet esprit que Jarjavay explique qu'il

ne faut pas prendre au pied de la lettre et d'une façon trop absolue quelques-uns des principes invoqués par Malgaigne pour la recherche de la vérité :

« Tous les écrits de Malgaigne, dit-il, sont empreints d'un rigorisme qui témoigne de son ardeur. Il aimait à professer que trois grands dogmes avaient tour à tour régné dans les Écoles : l'un qu'il rattachait à la foi et dont auraient bénéficié les Arabes dans le moyen âge, les anciens dans le XVIe siècle, l'autre à la raison qui aurait dominé le XVIIe siècle et le troisième à l'expérience tant préconisée par Bacon. Ne vous semble-t-il pas que Bacon et Descartes seraient surpris de ces divisions exclusives et que les chirurgiens qui nous ont précédés devaient décrire les affections qu'ils avaient traitées. sans songer à aucune de ces méthodes scientifiques ?

« Mais si Malgaigne a voulu désigner par un nom la manière exacte et trop facile dont ont procédé tels et tels hommes dans l'étude de la chirurgie, nous serons volontiers d'accord avec lui d'autant plus qu'il avait fini par reconnaître que : les faits ne peuvent pas plus se passer du raisonnement, que le raisonnement ne peut se passer des faits, et que, ajoutait-il, sans une juste foi dans l'autorité, sans l'Histoire qui nous conserve le dépôt des faits antérieurs, chaque génération passée emportant avec elle le dépôt de ses découvertes obligerait chaque génération nouvelle à recommencer la science. »

Ces réserves sur les idées de Malgaigne ne doivent

pas être exagérées. Au surplus en fondant son enseignement, non seulement sur l'examen des faits, mais aussi sur une connaissance approfondie de l'Histoire, Malgaigne montrait lui-même qu'il voulait tirer le plus grand profit des leçons du passé.

Cette règle fait disparaître le caractère exclusif prêté à sa doctrine sur l'induction baconienne par des personnes qui ne s'en étaient pas suffisamment rendu compte.

Malgaigne formulait en ces termes sa pensée dirigeante : « L'objet de la médecine étant l'homme vivant et malade, c'est l'homme vivant et malade qu'il faut avant tout, après tout et par-dessus tout étudier. La force vitale est ce qui domine dans la pathologie et plus encore dans la thérapeutique. »

Il était donc vitaliste, il expliquait par l'influence du principe vital, les phénomènes physiologiques et pathologiques. Le principe vital, tel que le définit Littré, est celui qui, suivant certains physiologistes, est la cause de la vie indépendamment de la substance organisée. Ce principe spécial est distinct du principe des phénomènes psychologiques. Il se distingue aussi de l'animisme qui considère l'âme comme la cause des phénomènes psychologiques et physiologiques ; le principe vital n'est point l'âme. La théorie de Claude Bernard sur ce point des plus délicats est connue.

Claude Bernard niait l'existence de la force vitale, il n'en faisait qu'une abstraction, un concept métaphysique. Cependant, lui-même paraît reconnaître l'existence d'une force innommée, inconnue, en dehors de la substance organisée, et agissant sur elle.

« Claude Bernard, écrit M. Bergson (*Notice sur Ravaisson-Mollien*), s'exprime d'abord comme si le jeu des forces mécaniques nous fournissait tous les éléments d'une explication universelle. Mais lorsque, sortant des généralités, il s'attache à décrire plus spécialement ces phénomènes de la vie sur lesquels ses travaux ont jeté une si grande lumière, il arrive à l'hypothèse d'une idée directrice et même créatrice qui serait la cause véritable de l'organisation. »

Malgaigne voyait dans la force vitale une chose surnaturelle, il était sur ce point dans l'erreur ; il y a là une chose inconnue encore à nos lumières mais non mystérieuse ; comme on l'a dit, dans le concret, il n'y a point de miracle, c'est notre ignorance seule qui borne notre savoir et notre pensée.

Il est très difficile, pour des esprits peu accoutumés aux théories physiologistes de déterminer avec netteté toutes ces différences d'opinions et ce qu'elles renferment d'exactitude ou d'erreur. Il nous semble que l'opinion de Malgaigne sur le vitalisme ne s'éloigne pas de la vérité philosophique.

Nous avons dit que Malgaigne, en rejetant les opinions préconçues et les déductions nées de principes arrêtés sans examen préalable des faits et des espèces, s'était attaché fortement à l'induction baconienne et qu'il avait toujours accordé une importance capitale à la statistique des faits qui lui servaient de base.

Cette théorie présente certains dangers qui, pour n'être pas aussi graves que ceux qui découlent de l'abus des déductions, n'en sont pas moins réels.

On sait que l'induction est un raisonnement par lequel on remonte des faits à la loi qui les régit, des effets à la cause. C'est à Bacon qu'on attribue, dans la science philosophique le grand développement, sinon la création de ce système qui porte son nom. Bacon, d'ailleurs, ne lui donnait peut-être pas l'extension un peu absolue qui lui a été prêtée.

L'induction résulte de l'examen des faits. Mais il convient de considérer qu'il faut, pour arriver à un résultat vraiment sérieux :

1° Que les faits soient nombreux et répétés pour constituer une loi ;

2° Que ces faits soient constatés et posés avec le plus grand soin ;

3° Qu'il soit tenu compte des modifications et des variétés que les circonstances présentent suivant le temps et le lieu, selon les mœurs.

On doit remarquer que des faits identiques, dans des conditions en apparence semblables peuvent cependant n'être point déterminants ; qu'ainsi dans une statistique des décès établie dans deux villes également peuplées, salubres, pareilles en civilisation, il peut y avoir des causes cachées, des dissemblances réelles mais secrètes, comme si, par exemple, dans l'une des villes comparées, une cause accidentelle rendait forcément les décès plus nombreux, telle que l'existence d'un hospice de vieillards.

Il faut reconnaître également que les faits relevés sont forcément ceux du moment présent ou du passé, qu'il est difficile d'en tirer un argument décisif pour les éventualités de l'avenir, toutes les choses étant exposées incessamment à des modifications naturelles ou accidentelles plus ou moins profondes.

Il y a toujours un danger à asseoir une théorie générale, fixe, incommutable sur un ensemble de petits faits même réels et prouvés.

Nous ajouterons enfin qu'il faut tenir compte de l'expérience du passé, de l'enseignement que donnent les faits anciens, des lois démontrées par les recherches déjà faites, pour ne pas être forcé d'inaugurer dans le présent un système nouveau intégral et tout d'un bloc, au grand péril de la vérité.

Malgaigne a reconnu lui-même l'exactitude de plusieurs de ces points.

Si on s'arrête un instant à ces réflexions, on reconnaîtra que le système de l'induction baconienne et d'une statistique scientifiquement dressée, ne peut se suffire à lui-même, et que la déduction doit avoir sa part dans la science qui nous occupe comme dans toutes les autres, sauf à éclairer les résultats des conséquences des principes reconnus pour vrais par les observations nouvelles de l'expérience positive toujours agissante.

Une statistique, d'ailleurs, pour être décisive, devrait être intégrale et il est impossible de l'établir ; nous pouvons en juger par celles qui nous sont présentées dans les relevés politiques, financiers ou sociologiques.

Il est impossible à l'observateur le plus minutieux et le plus attentif de réunir un tableau absolument complet et définitif des faits qu'il recherche. Faut-il ajouter encore que les faits, souvent déjà incomplets en eux-mêmes, peuvent en outre avoir été mal vus, mal compris, être altérés même de bonne foi par la fragilité humaine ?

C'est pourquoi la loi qui reconnaissait la statistique générale comme la base principale du jugement a perdu de nos jours une partie de son ancienne faveur. On juge à présent que l'observation individuelle doit dominer la statistique, que cette dernière est un simple élément de la science médicale, qu'elle ne saurait être ni absolue, ni décisive, à raison de sa nature et de ses inévitables imperfections.

Les applications faites par Malgaigne de ses principes ont cependant plus d'une fois donné des résultats nouveaux et heureux.

Le mérite des travaux scientifiques de Malgaigne, l'éclat exceptionnel de sa carrière, l'originalité de son enseignement, l'influence qu'il a exercée sur plus d'une génération d'élèves, dont quelques-uns sont devenus des maîtres à leur tour, toutes ces circonstances avaient perpétué dans le monde savant son souvenir. Pour rendre à sa mémoire un nouvel hommage l'Académie de médecine qui est la voix de la postérité dans ces circonstances, a, sur l'initiative de M. Sigismond Jaccoud, son secrétaire perpétuel, décidé que l'Éloge de Malgaigne serait prononcé par lui dans sa séance solennelle du 15 décembre 1903.

Aucun choix ne pouvait être plus heureux; par ses connaissances scientifiques étendues, par son talent de parole exceptionnel, par la dignité de sa vie, par l'autorité de son caractère, par ses rapports avec Malgaigne, M. Jaccoud, médecin honoraire des hôpitaux, professeur honoraire de la Faculté de médecine, était plus que personne en état de retracer la vie et les travaux de son ancien maître.

En parlant des débuts difficiles de ce dernier et des efforts qu'il avait dû faire pour arriver au premier rang, M. Jaccoud pouvait lui-même se ressouvenir de sa propre carrière.

Né à Genève en 1830, il était venu à Paris à l'âge de vingt ans. lui aussi sans ressources ; il avait dû donner des leçons de musique pour vivre pendant qu'il préparait et passait les examens du baccalauréat et qu'il commençait ses études médicales.

En 1859, il devint l'interne de Malgaigne à l'hôpital Beaujon. Il ne tarda pas à s'attirer la bienveillance de son chef par son intelligence, par son zèle, par son travail assidu, par ses connaissances qui ne se bornaient pas non plus à l'étude des questions purement médicales mais qui s'étendaient aux spéculations les plus hautes de la philosophie et de l'histoire.

Les relations de Malgaigne et de son interne prirent dans ces circonstances un caractère qui rappelle un peu celles des maîtres d'autrefois avec leurs élèves. M. Jaccoud, dans l'Éloge de Malgaigne, nous en a donné un touchant exemple :

« Malgaigne me parlait un jour de Bacon et de son livre sur l'avancement des sciences, me disant qu'il considérait cet ouvrage comme le premier cri de l'indépendance scientifique contre le dogme de l'autorité. Confiant en sa tolérance pour l'objection, je me hasardai à lui dire : « Mais, ne pensez-vous pas qu'à ce point de vue Bacon a eu au moins un précurseur, et que, Paracelse brûlant à Bâle devant ses auditeurs les œuvres de Galien et d'Avicenne, a été le véritable indicateur de la liberté d'examiner? » Il me regarda de côté avec quelque surprise : « Vous avez raison, dit-il, mais j'ai surtout envisagé la rénovation par la doctrine et la méthode. Il ne faut pas oublier que si cette précieuse liberté a été étouffée pendant des siècles, elle n'était pas inconnue de l'antiquité ! » Là-dessus, il s'arrête, ce que voyant, je continuai : « Ah ! sans doute, cela est bien certain, puisque Platon, dans le *Phèdre*, donne par la bouche de Socrate ce précepte significatif : ce n'est pas assez qu'Hippocrate l'ait dit, il faut encore examiner si Hippocrate l'a dit avec raison. » Le maître me fixe d'un regard cordialement approbateur, il me prend la main, et il termine l'entretien par ces mots qui ne sont plus sortis de ma mémoire : « Vous savez donc quelque chose de ces belles histoires, c'est très bien, nous en causerons aussi souvent que possible. » Nous en avons causé bien des fois et ces causeries sont le charme de mes souvenirs. »

On voit par ce récit à quel point M. Jaccoud était préparé à la brillante carrière qu'il parcourut.

En 1863, il devint professeur agrégé à la Faculté de médecine ; en 1876, il fut nommé professeur de pathologie interne ; en 1877, élu membre de l'Académie de médecine.

De nombreux ouvrages remarquables à la fois par une érudition profonde et par les connaissances pratiques les plus vastes, ont mis le sceau à sa réputation. L'Académie de médecine fut heureuse de choisir un homme de ce mérite pour le poste de secrétaire perpétuel.

L'Éloge de Malgaigne a heureusement inspiré M. Jaccoud ; il a, dans une forme accomplie, rendu à la mémoire du grand chirurgien un hommage qui a touché les auditeurs. Ils admirèrent unanimement cette étude sincère de la carrière, des idées, de la méthode de celui qui revivait réellement par la parole chaleureuse et entraînante de l'orateur.

Ce beau discours rappelait à plus d'un d'entre eux les Éloges qui ont jadis tant illustré le nom de Fontenelle et qui sont demeurés la plus riche part de son bagage littéraire.

Dans son récit, M. Jaccoud n'a omis aucun point essentiel, il a retracé toutes les périodes de la vie de Malgaigne, ses débuts difficiles, ses luttes pour obtenir chacun des grades qu'il ambitionnait, ses travaux immenses, son génie s'échappant constamment des limites d'une spécialité étroite, son amour pour la vérité et le progrès.

Il le montre anatomiste, chirurgien, expérimentateur, écrivain, critique, historien, polémiste, orateur, professeur, savant; mais pour M. Jaccoud le titre le plus distinctif de Malgaigne est celui de Réformateur.

C'est sur ce point que nous nous arrêterons seulement ici, en suivant l'exposé fait par l'orateur de l'Académie.

Malgaigne repousse les hypothèses, les idées préconçues, il s'attache uniquement à la réalité, il a donné pour devise à la Société de Chirurgie les mots de *Réalité* dans la science et non *Vérité* dans la science, comme on le dit quelquefois par erreur.

L'observation, l'expérience, sont les bases de son système. Il rejette toute autorité qui ne vient pas des faits, du libre examen. Le nombre des faits est une condition nécessaire pour qu'ils deviennent les maîtres du jugement. La critique doit être fondée sur des faits bien établis, mais elle doit connaître les faits du présent comme ceux du passé.

Tels sont les éléments de la statistique scientifique que Malgaigne a voulu organiser.

Malgaigne défend la force vitale contre les prétentions de la chimie et contre les empiétements de l'organicisme. Il proteste contre la doctrine qui veut réduire l'homme au rôle de la cornue.

M. Jaccoud rapporte à ce propos cette déclaration éloquente de Malgaigne :

« La chimie est la science de la composition et de la décomposition des corps; je lui accorde donc qu'elle arrivera à faire de l'albumine, de la fibrine, du sang, de la matière cérébrale, etc. Est-ce là tout? Mais, Messieurs, ce sont là les éléments de nos tissus, la matière première, si vous voulez. Il faut maintenant les tisser, et ce n'est plus l'affaire de la chimie; il faudra s'adresser à une science toute nouvelle, dont le nom n'est pas même inventé; le tisserand devra prendre la place du chimiste. Eh bien! l'avenir est grand, j'accorde que vous trouverez ce tisserand, vous n'en serez pas plus avancés. Car je vous livre, moi l'albumine, la fibrine, les tissus, les organes; voilà sur cette table l'organisation achevée, voilà le cadavre. A quelle science physique ou chimique allez-vous faire appel pour lui donner la vie; pour lui dire : « Ressuscite et lève-toi! » « C'est qu'il y a, entre ce grand phénomène de la vie, et tous ceux que peuvent produire la physique et la chimie un abîme infranchissable, dont les sciences ne sauraient seulement descendre les premiers degrés. » « Je résumerai volontiers, en quelques mots, le jugement à porter sur les trois grandes doctrines qui se trouvent ici en présence. Une des premières lois de la logique est de ne conclure que des semblables aux semblables.

« La chimiâtrie, fille bâtarde de la chimie, a conclu des corps bruts aux corps organisés; c'est une erreur de logique. — L'organicisme, prenant son point de départ dans l'anatomie pathologique a conclu du mort au vivant; c'est une erreur de logique. — Le vitalisme seul, en fondant ses prémisses sur l'observation du corps vivant, en a tiré les conclusions logiquement applicables au corps vivant. »

M. Jaccoud, étudiant les réformes de Malgaigne dans l'art de guérir, voit en lui, un partisan de la nature médicatrice, qui exige qu'on tienne compte de l'état des forces du malade sans se borner à le juger d'après les organes et qui conseille l'expectation avant d'agir.

Malgaigne avait été chef de clinique de Broussais, et élève de Gama qui, tous d'eux, ordonnaient avec excès la saignée, mais il s'était dégagé peu à peu de leur enseignement, et il luttait contre l'abus des incisions sanguines.

M. Jaccoud signale des réformes que le public

connaît bien et qui l'ont plus touché que d'autres.

Dès 1840, Malgaigne changeait l'alimentation des blessés, il supprimait la diète absolue, il permettait l'usage des aliments et même du vin.

En janvier 1847, Malgaigne pratiqua le premier en France l'anesthésie chirurgicale avec l'usage de l'éther, combattu à son début comme inapplicable. On sait que le développement de cette invention, sous d'autres formes, a modifié entièrement l'art de la chirurgie.

Malgaigne a propagé l'usage du collodion pour les blessures, procédé qui n'a pas cessé d'être en usage.

A côté de semblables découvertes, que pèsent les erreurs inévitables qu'a pu commettre Malgaigne sur divers points de ses enseignements, par exemple l'étranglement et l'inflammation des hernies ?

Nous ajouterons que l'esprit de Malgaigne ne s'arrêtait pas en chirurgie à des conceptions théoriques, qu'il n'hésitait pas à faire des essais tirés de ses recherches, qu'il inventait même des instruments pour tenter des opérations nouvelles. Le nombre des perfectionnements qu'il apporta aux instruments de chirurgie est considérable.

On trouve encore chez le successeur de Charrière, des instruments de chirurgie qu'il a créés et qui sont toujours en usage. 1° la pince de Malgaigne. notamment, destinée à maintenir la réduction du fragment supérieur dans les fractures obliques de la jambe; 2° La Griffe de Malgaigne universellement connue, utilisée pour la réduction des fractures de la rotule, etc.

Si Malgaigne fut un réformateur dans la science il fut aussi, dans son enseignement, un propagateur d'idées originales qui entraînait par son éloquence et son action puissante, tout son auditoire dans les voies nouvelles. Un orateur sincère et puissant comme lui devait être un éducateur qui savait, à la façon de Socrate, accoucher plus d'une intelligence, ouvrir des horizons nouveaux à ses élèves et donner à ses idées le concours sans cesse renouvelé de partisans nombreux et convaincus. Parmi les disciples de Malgaigne plus d'un a atteint les hauts sommets de la science, d'autres ont appliqué dans leur vie médicale plus modeste les règles qu'ils avaient apprises dans ses inoubliables leçons.

Quelques-uns de ceux qui se sont illustrés dans leur carrière ont gardé la trace des opinions de Malgaigne : — M. Jaccoud ; — Aristide-Auguste-Stanislas Verneuil, né en 1823, interne des hôpitaux en 1848, chirurgien des hôpitaux, professeur de clinique chirurgicale en 1868, aujourd'hui décédé ; — François-Auguste Follin, né en 1823, mort prématurément en 1867, chirurgien des hôpitaux, membre de l'Académie de médecine ; — Jean-Félix-Casimir Guyon, né en 1831, professeur de la Chaire des maladies urinaires, membre de l'Institut. —

Photinos Panas, né en Grèce en 1832, naturalisé français, professeur d'ophthalmologie à la Faculté de médecine depuis 1873, mort récemment.

Ces deux derniers ont publié les leçons de Malgaigne sur l'*Orthopédie* et son *Traité des hernies*.

Parmi ses élèves, Malgaigne eut un homme illustre entre tous, Paul Broca, né en 1824, mort en 1880. Livré d'abord exclusivement à l'étude de la chirurgie, ce grand savant subit fortement à cette époque, l'influence de Malgaigne ; il était partisan comme lui de la statistique chirurgicale, comme lui, il soumettait à une critique indépendante, les opinions et les doctrines, en s'appuyant sur la méthode numérique.

Sa thèse sur l'étranglement des hernies abdominales et les affections qui peuvent les simuler, passe pour un chef-d'œuvre; elle s'inspira sur beaucoup de points des idées de Malgaigne qui étaient alors prépondérantes dans cette matière.

On sait que Broca se tourna plus tard vers les recherches anthropologiques, qu'il fut le fondateur de cette science nouvelle qui a immortalisé son nom, qu'il devint sénateur inamovible, et qu'à Paris une statue lui a été élevée, œuvre touchante d'un sculpteur sourd-muet, nommé Choppin.

Un autre disciple de Malgaigne devait lui être attaché par des liens de famille et arriver aux premiers rangs dans la chirurgie française. C'était Léon Le Fort qui devint l'un de ses gendres.

Né à Lille le 5 décembre 1829, Léon-Clément Le

Fort est mort le 19 octobre 1893, dans son château du Briou, commune de Menestreau en Villette (Loiret). Il était le petit-fils d'Ovigneur, bourgeois de Lille, qui se signala par sa bravoure en 1792, lors de la défense de cette place assiégée par les Autrichiens. Il garda toujours, par une sorte d'hérédité, un goût marqué pour les hommes et les choses de l'armée.

Il commença ses études médicales à l'hôpital militaire de Lille, dans le but de devenir chirurgien militaire. Il les termina à Paris, devint interne des hôpitaux en 1853. Il eut pour maître Malgaigne. En 1859, il fit partie de l'armée d'Italie, en qualité de chirurgien volontaire; en 1863, il assista, sans titre officiel, à la guerre du Schleswigh; en 1870, il dirigea la première ambulance volontaire, et il subit les tristes épreuves du siège de Metz. C'est au cours de ces diverses campagnes qu'il réunit les observations précieuses qui ont été la base d'un de ses écrits les plus connus : *La Chirurgie militaire et les Sociétés de secours de France et de l'Étranger*. En 1863, il avait été nommé professeur agrégé à la Faculté de médecine, et chirurgien des hôpitaux. Ses élèves et ses malades des hôpitaux Cochin, Lariboisière et Beaujon ont gardé de son passage dans ces divers établissements le plus reconnaissant souvenir.

En 1873, il fut appelé comme professeur à la Chaire d'opérations et d'appareils de la Faculté de médecine où il remplaça Denonvilliers, successeur lui-même de Malgaigne ; en 1876, il devint membre de l'Académie de médecine dont il fut élu vice-président en 1893.

Son esprit curieux et investigateur l'avait porté à faire de nombreux séjours à l'étranger pour s'y perfectionner dans la science de la chirurgie, par l'étude des procédés et des découvertes des autres peuples.

Il en rapporta les plans des ouvrages qu'il édita plus tard : un rapport sur les Maternités, des notes sur l'hygiène hospitalière, des travaux sur la médecine militaire, sur le mouvement de la population, etc., qu'on retrouvera dans les œuvres publiées après sa mort par son gendre Félix Lejars et par sa veuve.

A l'Académie de médecine, il prit souvent part aux discussions, de la façon la plus brillante, sur toutes les questions à l'ordre du jour : la dépopulation de la France, l'assainissement des villes, la vaccination obligatoire, l'anesthésie chloroformique, etc. Il avait des connaissances littéraires très étendues, il écrivait bien, parlait encore mieux ; il aimait la nouveauté ; il ne craignait pas d'être accusé de paradoxe, quand il soutenait avec ardeur quelque thèse ancienne ou nouvelle qui lui semblait fondée. Son cœur était loyal, sensible et bon, sa probité professionnelle absolue, son désintéressement sans exemple. Demeuré fidèle au souvenir de Malgaigne, il a publié deux nouvelles éditions du célèbre *Manuel de médecine opératoire* qu'il mit au courant des progrès de la Science, mais il refusa de consentir à des remaniements des autres ouvrages du maître, qu'il considérait comme des monuments historiques et scientifiques devant demeurer tels qu'ils étaient sortis des mains de leur auteur.

Dans ses écrits, Léon Le Fort resta attaché à un certain nombre des théories de Malgaigne, notamment sur l'importance de la statistique, sur l'utilité des connaissances historiques pour le développement des connaissances médicales et sur la direction générale des recherches scientifiques.

Il avait un véritable culte pour sa mémoire : « Pensez et écrivez de moi ce que vous voudrez, écrivait-il un jour, mais ne touchez pas à Malgaigne. »

Ses relations avec la famille de son maître remontaient à l'époque de sa jeunesse : « En 1850, raconte M. Monod dans l'Éloge qu'il prononça de Le Fort à la Société de Chirurgie, lorsqu'il arriva à Paris, il apportait avec lui une lettre d'introduction auprès de Mme Malgaigne. Malgaigne, dès l'abord, s'était attaché au jeune étudiant, il l'avait suivi dans ses luttes et soutenu de son influence. Mais il n'était pas seul à s'intéresser à lui dans la maison. Et lorsque, quelques années après Léon Le Fort, ayant conquis les titres de chirurgien des hôpitaux de Paris et d'agrégé, osa manifester certains sentiments qu'il avait dû garder jusque-là par devers lui, il trouva auprès de Mme Malgaigne et surtout auprès de sa fille l'accueil qu'il méritait ». Il épousa en effet en 1865 Aline-Eugénie Malgaigne l'une des filles jumelles de son professeur. Une amitié tendre et profonde et une estime réciproque, dans des carrières bien différentes, ont uni pendant vingt-six ans l'auteur de cette étude à celui qui n'a cessé d'être l'objet de ses plus vifs regrets.

Léon Le Fort fut frappé mortellement en pleine santé. Le 17 octobre 1893, il était au fauteuil de la présidence de l'Académie en l'absence du titulaire; ce fut, comme pour Malgaigne, le dernier jour de sa vie médicale. Le lendemain, il retournait au Briou et le 19, après un malaise qui avait duré une journée à peine, il était trouvé mort dans sa chambre à coucher, à l'âge de soixante-trois ans.

Après avoir exposé la carrière médicale de Malgaigne et indiqué l'influence qu'il exerça sur ses élèves, nous n'avons pas épuisé ce qui concerne l'étude de ses idées et de ses œuvres.

Ce rare esprit ne se limitait pas à des travaux professionnels et à des études d'une spécialité médicale; il s'appliquait également à toutes les questions de l'histoire, de la politique, de la littérature et de la religion.

Ses goûts le rattachaient à l'École classique dans l'admiration de laquelle il avait été élevé. Voltaire plaisait surtout à son intelligence amoureuse du bon sens, de la clarté et du goût, de cet art de l'écrivain qui est d'autant plus grand qu'il paraît ne pas vouloir se montrer.

Walter Scott exerçait sur lui la séduction qu'il avait répandue dans l'Europe lettrée. Il ne demeurait pas insensible au charme de certaines œuvres nouvelles, telles que celles d'Henri Heine, de Mérimée, de Lamartine, d'Alfred de Musset, ses auteurs préférés.

Mais le fond de ses lectures, c'était avec les grands écrivains du XVIIe siècle, les historiens et les philosophes de l'antiquité. Il connaissait les langues latine et grecque et il pouvait lire dans leurs textes mêmes, les auteurs qu'il aimait. Il avait été attiré dans ses recherches de l'Histoire de la médecine, vers la Bible; il en avait recueilli des renseignements instructifs sur la chirurgie d'autrefois, mais cette étude spéciale n'avait pas suffi à sa passion de tout connaître; il avait commencé un livre sur la Bible considérée au point de vue général de la Religion et de l'Histoire. La publication de la *Vie de Jésus*, de Renan, avait été l'occasion d'un travail nouveau; cet ouvrage d'une forme si admirable, mais où le rêve, la légende, et le mysticisme jouent un rôle déconcertant, n'avait pas satisfait entièrement un esprit positif et rigoureux comme le sien désireux de trouver, même là où elle ne peut exister, la précision historique, la réalité exacte des faits. C'est assurément le cœur plutôt que la raison qui a tracé l'histoire des fondateurs de religions, telle que nous la connaissons par les récits de leurs disciples.

Thiers disait que Renan avait peint un Jésus endimanché ; quelques réformateurs modernes nous ont donné un Jésus socialiste ; Malgaigne était porté à voir en lui un philosophe comme Socrate ou Moïse, donnée plus acceptable peut-être pour la raison, mais probablement chimérique encore.

Il se rapprochait un peu de l'opinion de J.-P. Proudhon qui écrivait : « Renan a fait Jésus à son image, selon lui Jésus est un mystique en dehors de la vie réelle ; selon moi, Jésus est un réformateur et un moraliste avant tout, en qui la religion n'est que la chose secondaire. »

Comme Malgaigne procédait toujours avec méthode, pour mener à fin cette entreprise nouvelle, il avait appris l'hébreu dont il avait commencé l'étude à l'époque de ses premiers travaux sur la Bible.

Il avait rédigé sur ce sujet un volume presque complètement achevé. Ce livre, composé dans un esprit critique et philosophique, a disparu après la mort de Malgaigne, par suite de circonstances qui ne nous ont jamais été clairement révélées.

On peut croire que des scrupules religieux excessifs ont amené la destruction de cet ouvrage.

Malgaigne était demeuré très fidèle à son pays d'origine ; les Vosges l'attiraient chaque année ; il y faisait avec son ami d'enfance Chardin, devenu notaire à Nancy, des excursions prolongées dans les montagnes où il retrouvait tous les souvenirs de sa jeunesse. Il portait à Mlle Aline Chardin, mariée plus tard à M. Chazal, une très vive affection, il se plaisait à développer son instruction, à lui donner des leçons de littérature et d'histoire, et il l'associait dans une certaine mesure à ses propres travaux historiques.

Comme tous les Lorrains, il était passionné pour la mémoire de Jeanne d'Arc ; il avait rassemblé tous les documents qui concernaient sa vie héroïque, il avait traduit les pièces de son procès, il avait fait plus d'un pèlerinage à Domrémy ; il avait préparé les éléments d'une histoire de la Pucelle, œuvre demeurée inachevée et en partie perdue. Il admirait la simplicité de son cœur, son dévouement à la France jusqu'à la mort, son dégagement de tout intérêt personnel, la grandeur de son idée et de sa parole, sa douceur même envers ses ennemis, sa compassion pour le peuple. Il la considérait comme la plus grande figure historique de l'Occident. Il écrivait en parlant de sa passion : « Je n'ai jamais pu lire l'histoire de Jeanne d'Arc, sans sentir les larmes me monter aux yeux, ce récit m'a même plus d'une fois fait pleurer comme si je n'avais eu que vingt ans ».

Malgaigne, qui s'intéressait tout particulièrement à l'éducation de Mlle Chardin, rédigea pour elle un écrit intitulé *Conseils pour le choix d'une bibliothèque*. Mme Chazal nous a communiqué ce curieux écrit que nous reproduisons textuellement. Il nous rappelle certaines pages de Franklin, et il nous édifie de la façon la plus intéressante sur les vues personnelles de l'auteur en matière historique littéraire et pédagogique.

I

L'homme est une trinité composée de trois éléments : le corps, le cœur et l'intelligence. A chacun de ces éléments correspondent des besoins. La satisfaction de ces besoins, dans une juste mesure, constitue la science de la vie et assure la plus grande somme de bonheur dont nous puissions jouir.

Je crois (mais je demande grâce pour une opinion aussi téméraire) que la femme est formée des mêmes éléments que l'homme et qu'elle a les mêmes besoins.

II

Une bibliothèque bien ordonnée doit se diviser en trois parts. Il faut, pour les besoins matériels, les livres de l'art ou du métier ; pour le cœur, des livres qui l'émeuvent et l'élèvent au besoin ; pour l'intelligence les livres destinés à l'orner ou à l'agrandir.

III

DES LIVRES D'ART OU DE MÉTIER

Il faut à l'homme une occupation sérieuse, suivie, qui lui donne les moyens d'assurer sa destinée et

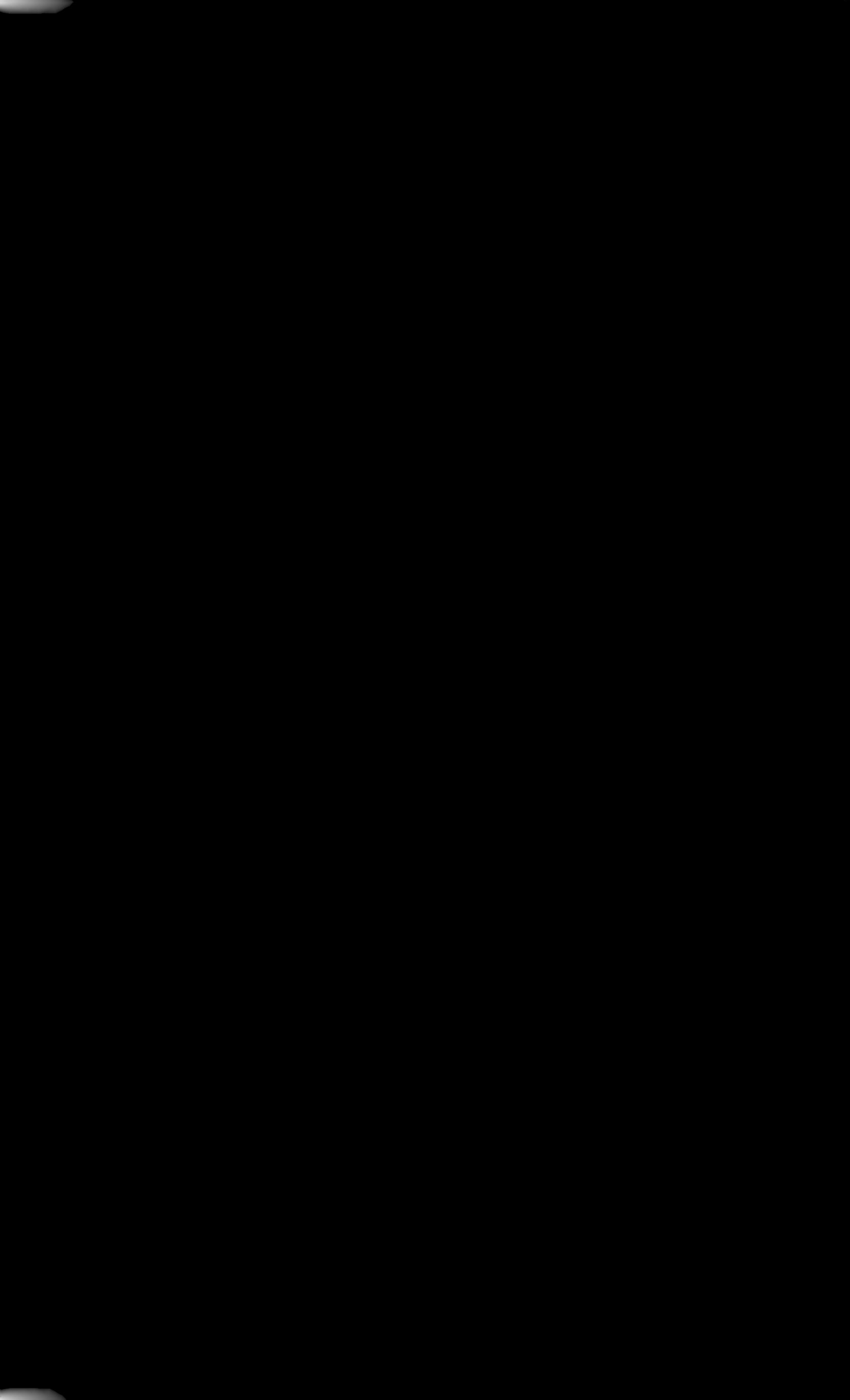

cine ou de droit n'ont rien d'amusant. Ils sont très utiles, celui-là l'est aussi. On ne lit ni les uns ni les autres ; on les consulte.

Le Médecin sans livres de médecine, l'avocat sans livres de droit, feront mal leurs affaires.

La bonne cuisine est un élément essentiel du bonheur conjugal. La grande majorité des mécontentements, des froideurs, des querelles de ménage proviennent d'une mauvaise cuisine.

VII

Il ne faut pas, sous prétexte de cuisine, s'en tenir uniquement à ce livre. Le médecin qui ne lirait que des livres de médecine, serait un pauvre homme et un homme fort ennuyeux. La meilleure ménagère qui serait exclusivement ménagère, participerait infailliblement à ces deux qualités.

VIII

BIBLIOTHÈQUE DU CŒUR

Il est fort peu de bons livres qui soient faits pour élever le cœur. Le seul que l'on puisse conseiller sans restriction, et qui offre également à l'esprit cultivé un charme indicible c'est : *l'Evangile.*

IX

Les livres qui émeuvent le cœur sont les romans. Entre les romans, il faut choisir d'abord ceux qui suscitent surtout des émotions avouables, nobles, généreuses. Je mettrais volontiers dans la bibliothèque d'une jeune fille : *les romans de Walter Scott ; quelques-uns de ceux de Fenimore Cooper ; quatre romans de G. Sand : François le Champi, La mare au diable, La petite Fadette et Jeanne.*

X

Pour la femme mariée, le cercle peut s'agrandir. Il faut y prendre garde et craindre que le désir incessant d'émotions n'aboutisse au goût des plus méchantes frivolités.

L'abonnement aux cabinets de lecture est une des causes qui faussent le plus l'esprit et le cœur des femmes.

XI

Il y a des livres que les hommes lisent et qui sont interdits aux femmes. Mais il faut au moins que tous les livres de la femme puissent être lus par son mari.

XII

Il ne faut pas plus accorder au cœur qu'aux deux autres éléments de l'homme. Celui qui donne trop aux plaisirs de la table est une goinfre, et s'expose aux indigestions. Celui qui se livre sans mesure aux émotions du cœur aura des indigestions d'un autre genre.

XIII

Il n'est pas possible à l'homme le plus robuste de supporter deux heures de suite les caresses des enfants les plus aimés. Même pour les affections, il faut une relâche.

Un homme qui, du matin au soir, s'occuperait de sa femme, à force de multiplier les témoignages de son affection, multiplierait les causes d'ennui et deviendrait insupportable. Il y aurait une belle histoire à faire sur une femme morte d'ennui et de désespoir, à cause de la présence continuelle d'un époux adoré. Tout ce qui est excès fatigue.

XIV

BIBLIOTHÈQUE DE L'INTELLIGENCE

Les femmes, après un certain temps, se plaignent que leurs maris ne savent plus rien leur dire, et réservent toute leur amabilité pour d'autres femmes. Elles ont raison. Et les maris n'ont cependant pas tort.

XV

Il y a deux sortes de causeries : la causerie frivole et spirituelle, l'autre sérieuse, ce qui ne l'empêche pas d'être spirituelle quelquefois.

XVI

Les femmes sont exclues de la plupart des conversations sérieuses. Littérature, histoire, philosophie, poésie, religion, beaux-arts, économie politique, politique courante, elles ne savent rien à fond. Que l'on discoure sur la superficie des choses, elles peuvent encore prêter une oreille attentive; pour peu que l'on plonge, elles deviennent sourdes, elles n'entendent plus.

XVII

Or les conversations légères sont excessivement bornées ; après quinze jours de tête-à-tête, on s'est tout dit. Les hommes n'y résistent pas mieux que les femmes.

Prenez l'homme le plus spirituel du monde, après quinze jours de causeries légères, il se répétera ; au bout d'un mois, ce sera du rabachage.

Les femmes n'ont à cet égard aucune supériorité sur les hommes.

XVIII

Ceci posé, au bout d'un mois, mari et femme sont obligés de recourir à la conversation sérieuse. Or sur quoi ?

Sur les affaires du ménage, cela ne saurait revenir tous les jours.

Sur les affaires extérieures, dont le mari à la gestion, et qui intéressent généralement les femmes ; par malheur elles voudraient tout savoir sans rien étudier. Problème très difficile.

Sur l'éducation des enfants ? encore faut-il en avoir.

Sur le tiers et le quart ; cela tombe vite dans la médisance et revient de droit à la causerie légère.

XIX

La femme aime à parler chiffons. Elle a raison ; c'est son affaire et une affaire parfois sérieuse. Mais le mari n'y entend rien et se sauve.

C'est comme quand le médecin parle médecine devant sa femme. Il est sans contredit dans son droit ; mais elle a bien le droit de se sauver aussi.

Obliger le mari à étudier le chiffon, la femme à étudier la médecine, cela n'est pas praticable.

XX

Il faut donc revenir à d'autres sujets. Pourquoi les hommes se plaisent-ils à parler littérature et politique ? Parce qu'ils y trouvent un intérêt sans cesse renaissant, et cet intérêt vient de ce qu'ils comprennent.

Pourquoi les femmes ne s'y intéressent-elles pas ? Parce qu'elles ne comprennent pas. Est-ce faute d'intelligence ? Cela est vrai de quelques-unes ; et parmi les hommes il y a aussi des imbéciles. De ceux-ci il n'y a rien à espérer ; mais des autres ?

XXI

Est-ce qu'une vérité, un aperçu juste et ingénieux, une citation faite à propos, perdraient à passer par la bouche d'une femme ? Nullement ; et à esprit égal, nous donnons presque toute la préférence aux femmes instruites et sérieuses.

XXII

Mais la femme instruite deviendra un bas-bleu, tout comme l'homme instruit peut devenir un pédant. Deux espèces à fuir au bout du monde.

XXIII

Je ne voudrais pas qu'une femme fît des vers ni des romans. Je crois que les femmes peuvent se méfier, à aussi bon droit, des hommes qui font les uns et les autres.

XXIV

Mais, dans les longues soirées, dans les longues promenades, je voudrais qu'une pensée sérieuse émise par l'un fût comprise par l'autre ; et qu'on pût lire et admirer ensemble les grandes et belles choses, et j'ai expérimenté que les femmes sensées se plaisent à ces sortes de sujets. Mais elles ont besoin qu'on les initie chaque fois ; au lieu d'un plaisir partagé, c'est une leçon, et la fatigue arrive vite dans une conversation où l'un donne toujours, sans jamais recevoir de l'autre.

XXV

En conséquence, et toujours en demandant grâce pour une hardiesse si grande, je composerais ainsi la bibliothèque d'une jeune fille de vingt ans, pour commencer, et sauf les accroissements ultérieurs :

Homère (*Iliade et Odyssée*, traduction de Giguet) ; Hérodote, Les Dialogues de Platon, Les Grands hommes de Plutarque ; Virgile, Tite-Live, Térence, Dante, Le Tasse, Milton (*Le Paradis perdu*) ; Racine, Boileau, Corneille (*Œuvres choisies*) ; Molière (le père faisant des cornes aux endroits suspects) ; Voltaire (*Vie de Charles XII* et *Siècle de Louis XIV*) ; Pascal (*les Provinciales*) ; Shakespeare ; Schiller ; Les *Méditations* de Lamartine ; Martin (*Histoire de France*) ; Thiers (*Histoire de la Révolution*) ; Guizot (*Histoire de la civilisation en Europe*).

XXVI

Il peut y avoir là des livres qui apportent plus de fatigue que d'instruction.

Qu'on les laisse de côté pour un temps. Tout aliment ne convient pas à tout estomac. Tout aliment ne convient pas à tous les âges. L'enfant adore les sucreries, l'homme préfère le beefsteak.

XXVII

Ne forçons donc point les estomacs. Ne forçons pas non plus les intelligences. Elles s'affirmeront et se développeront un jour. Seulement sous prétexte que nous avons affaire à des enfants, ne les laissons pas éternellement en nourrice, et essayons de temps à autre des enseignements et des lectures plus solides.

XXVIII

Que surtout la lecture d'Homère ou de Platon n'empêche pas le médecin d'aller voir ses malades, ou la maîtresse de logis de jeter un coup d'œil vigilant à sa cuisine ! Il est de remarque que l'on ne goûte jamais mieux les beautés des grands maîtres que quand l'estomac est satisfait. Un estomac qui crie ferait tort aux plus beaux vers de Racine.

XXIX

Puis, que la lecture des poètes et des philosophes, jointe à la surveillance de la cuisine, ne fasse aucun tort aux justes affections. L'homme ne vit pas seulement de pain et de vin, a dit l'Évangile, il ne vit pas davantage de tragédie ou d'oraisons funèbres.

XXX

Usez de tout, n'abusez de rien ; et vous aurez le Royaume des Cieux en ce monde et dans l'autre. Ne dédaignez pas même la frivolité au besoin ; il est bon de se délasser des choses sérieuses. Après un bon souper qu'y a-t-il de meilleur qu'une conversation attachante, couronnée par une partie de cartes ?

XXXI

Pour une femme, le choix du format des livres est un point important. L'in-folio est un fardeau à laisser aux Bénédictins. L'in-4° n'est guère moins gênant. Le grand in-8° ne convient que pour les livres d'images. L'in-8° ordinaire est même déjà trop lourd. Je le réserve aux vieilles femmes, parce qu'on l'imprime en plus gros caractères qui ménagent les yeux. L'in-12 format anglais ou Charpentier est le format préférable.

XXXII

Choisissez, autant que possible, un papier blanc et des caractères neufs. La couverture beurre frais a aussi son charme. Quand elle périclite, qu'elle soit remplacée par la reliure à demi-dos de veau ou de maroquin, simple, sans luxe et de bon goût.

XXXIII

Enfin soignez vos livres comme des amis. Un livre taché entre les mains d'une femme, me choque autant qu'une tache à sa robe. Et comme vous gardez vos amis pour vous, ne prêtez vos livres à personne. »

On peut deviner, par ce qui précède, à quel point la vie de Malgaigne était simple, retirée, austère dans son intérieur. Elle nous rappelle exactement ce que Saint-Simon a dit de Daguesseau (t. XIII, p. 191, éd. Chéruel). « Il représentait au naturel ces vénérables et savants magistrats de l'*ancienne roche*, *qui sont disparus avec lui*, *soit dans ses meubles*, *et son petit équipage*, *soit dans sa table et son maintien.* »

Son temps était uniquement consacré à l'étude. Le repos naissait pour lui d'un travail différent de sa profession. Ces sortes d'existences sont moins rares qu'on le croit dans la haute bourgeoisie parisienne. Au milieu du XIXe siècle le luxe était moins répandu que de nos jours, dans la société, avec les vains plaisirs qu'il entraîne et sans lesquels la vie serait tolérable, selon le mot humoristique de Palmerston.

Malgaigne éloignait de lui les fâcheux, les solliciteurs, les importuns par un accueil ou un silence qui déconcertait les plus hardis. Il ne s'abandonnait à lui-même que dans l'intimité de sa famille, ou à l'arrivée d'un collègue sympathique, de compatriotes, d'un ami d'enfance ; alors c'était un feu roulant de traits d'esprit, de contes et de récits variés, de discussions animées et étincelantes sur toutes les matières.

Parmi ses amis, il faut citer au premier rang M. Chardin, notaire à Nancy. Les deux jeunes gens s'étaient liés pendant que l'un étudiait le droit et que l'autre achevait ses travaux de médecine. M. Chardin avait autrefois obligé de sa bourse son camarade qui l'avait remboursé de toutes les façons, notamment par une affection profonde pour lui et pour les siens. On voyait encore habituellement dans le cercle étroit de la maison : un cousin, le Dr Vallet, pharmacien et chimiste connu en son temps, sa femme, née Honorine Eymard, personne aussi distinguée par le charme de son esprit que par la bonté d'une âme d'élite, M. Rivière, syndic des courtiers en marchandises, quelques médecins, des Vosgiens fixés à Paris.

L'été, la famille quittait son appartement de Paris sis d'abord rue de l'Arbre sec, puis rue Bonaparte, pour aller vivre à Auteuil qui alors était encore une campagne parisienne. Elle s'installait dans une vieille propriété qui était divisée en un nombre considérable de logements distincts et de petits jardins; cette installation suffisait à la modestie du ménage.

Malgaigne y trouvait un plaisir particulier en songeant que son pavillon d'été avait été autrefois habité par Molière et en portait le nom.

Si simple qu'il fût dans son intérieur, au dehors Malgaigne apparaissait toujours dans une tenue élégante et soignée, il était constamment habillé de noir. C'est dans cet état que le caricaturiste Carjat l'a spirituellement représenté, avec un grand chapeau haut de forme sur la tête, s'approchant du lit d'un malade effrayé à l'avance et lui lançant un regard éperdu.

Dans son langage, Malgaigne nasillait fortement ; ce défaut, dont il ne tint pas à se corriger entièrement, ajoutait une force particulière au ton de ses attaques et augmentait encore son action oratoire sur ses auditeurs. Quel orateur n'est d'ailleurs sujet à des infirmités ou des défauts semblables ! Au Palais nous avons entendu Dufaure remporter les plus grands succès à la barre en dépit d'un nasillement sans exemple ; nous avons vu Émile Durier captiver son auditoire avec un organe sourd et à demi voilé ; enfin un prince de la parole, Jules Favre, garda la palme de l'éloquence quoique son débit fut accompagné d'une sorte de hoquet prolongé, qui disparaissait, il est vrai, dans l'entrain de la discussion et le mouvement accentué du débat. Ainsi il en était de Malgaigne, la flamme de son discours illuminait et dévorait tout malgré cette légère imperfection de la nature.

CHAPITRE III

LE COMTE DE BERNSTORFF. — LA RECONNAISSANCE D'UN OPÉRÉ. — PORTRAIT DE MALGAIGNE PAR UN MÉDECIN DU GATINAIS. — ÉCRITS DE MALGAIGNE SUR L'HISTOIRE DE LA MÉDECINE. — SUR L'ANATOMIE ET LA PHYSIOLOGIE D'HOMÈRE. — SON ÉDITION DES ŒUVRES D'AMBROISE PARÉ.

Malgaigne, dominé par l'amour de la science et désireux de s'y maintenir au premier rang, ne cherchait pas à étendre sa clientèle au delà de ce qui pouvait lui échoir naturellement.

Il avait pour ses malades, les soins les plus attentifs et les plus dévoués, et s'il ne montrait pas dans les opérations cette brillante facilité qui a été admirée chez plusieurs de ses contemporains, il n'en arrivait pas moins aux résultats les plus heureux par sa méthode et par les applications fréquentes de ses découvertes.

Nous avons connu personnellement plusieurs de ses malades, qui se sont félicités plus d'une fois auprès de nous de leurs rapports avec lui ; parmi les illustres personnages qu'il traita, nous citerons Meyerbeer qui ne manquait jamais de le visiter à chacun de ses voyages à Paris.

Malgaigne savait d'ailleurs garder dans ses relations avec les plus grands la dignité qui convenait à sa place dans la médecine française. La difficulté qu'il eut avec le comte de Bernstorff, ambassadeur de Prusse à Londres, en est un exemple frappant. Nous en donnons le récit d'après Malgaigne lui-même qui l'avait préparé en disant : « Voilà une histoire qui pourra servir pour ma biographie. »

« Au mois de novembre 1855, le comte de Bernstorff manifesta le désir de me voir pendant son séjour à Paris.

« Le jeudi était le jour de la distribution des médailles à l'Exposition universelle. Mais la cérémonie ne commençant qu'à une heure, je pensai que le titre de ministre étranger du comte de Bernstorff lui permettrait d'entrer plus tard que le commun des mortels ; en tous cas il avait dû prévoir la chose, et j'allai à l'hôtel vers onze heures. Il était parti pour l'Exposition. Je laissai ma carte.

« Le soir, visite d'un de ses attachés, sans doute, homme très convenable, qui venait m'exprimer les regrets du comte et me demander un rendez-vous pour le lendemain. Rendez-vous pris ; il vint me consulter pour son fils et pour lui ; deuxième rendez-vous, le lendemain ; troisième rendez-vous à quelques jours de distance, à heures spéciales ; car il désirait ne pas attendre. Puis, tout étant fini, il me demanda si je n'avais pas reçu avis de ne pas aller à son hôtel. « Aucun, dis-je. — Mais j'ai envoyé mon valet de pied qui est venu avertir votre concierge ; mon valet de pied est même en bas qui pourra vous le dire. »

« Que diable me veut cet étranger ? pensai-je. Croit-il que j'ai reçu son avis et que j'ai couru chez lui pour lui compter une visite ? Je sonne. « Joseph, descendez et demandez au concierge si quelqu'un est venu jeudi, m'avertir de la part de M. le comte de Bernstorff. Si le concierge ne s'en souvient pas, le valet de pied de M. le comte l'en fera souvenir. »

« Joseph remonte. « Personne, n'est venu, dit-il ; et quant au valet de pied il n'est pas là. — Je vais éclaircir cela en rentrant, dit le comte. — C'est beaucoup de peine, repris-je, et pour peu de chose ; cela ne signifie rien. » Mais, comme si cela eut signifié beaucoup pour lui, il se lève, se tourne vers la porte, s'arrête un moment, ouvre la porte, et sort en me souhaitant le bonsoir. Je fus curieusement attrapé. Enfin, pensai-je, nous verrons le résultat de son enquête. Mais de résultat, point ; deux jours, quatre jours, huit jours se passent : personne. Je suis malheureux avec les ambassadeurs, pensai-je. Enfin, le 28 au soir, voulant savoir si mon comte est parti, je mets une carte sous enveloppe et la lui envoie par mon domestique. Il avait quitté l'hôtel de la Terrasse et était allé rue d'Isly, 3 ; il devait partir le surlendemain.

« Le lendemain 29, un domestique du comte vient vers les 4 heures et remet à ma femme une carte sous enveloppe avec cinquante francs dont il demande un reçu ; et à 4 heures et demie j'arrive et j'apprends cet heureux dénouement. « Joseph ! habillez-vous, courez rue d'Isly, remettez ces cinquante francs et rapportez-moi une quittance. S'il n'y a personne, vous attendrez jusqu'à minuit s'il le faut. »

Et me précipitant à mon bureau, je broche la lettre suivante :

« J'ai l'honneur de renvoyer à M. le comte de Bernstorff, ministre de Prusse, 50 francs qu'on a déposés chez moi de sa part. Je suis roi dans mon art et il convient d'observer avec moi certaines formes.

« Je prierai, en même temps, M. le comte de Bernstorff, de ne pas faire usage de mon nom, près de M. Lawrence à qui probablement une telle aumône, envoyée d'une telle façon, ne conviendrait pas non plus.

« MALGAIGNE »

Ce 29 novembre 1855.

« La lettre cachetée, Joseph part ; il s'informe si le comte est chez lui ; il y était. Il monte, sonne, remet l'argent à un domestique et attend. Longue attente. « Mais enfin, dit-il, il me faut une quittance. » On lui apporte une quittance signée Smith. En sortant il voit entrer une voiture. « Serait-ce Monsieur le comte de Bernstorff ? — Mais non, lui répond-on : quand on vous dit que Monsieur le comte est chez lui ! »

« A sept heures et demie je reçus de la comtesse, la lettre suivante :

Madame la Comtesse,

Une lettre telle que la vôtre eût fait courber le front de Jupiter irrité ; et je m'en tiens pour honoré autant qu'elle vous honore vous-même. J'aurai l'honneur si Monsieur le Comte veut bien me faire la faveur de sa visite de le recevoir demain de une à deux heures.

Je mets à vos pieds, Madame la Comtesse, l'hommage de ma sincère reconnaissance et de mon respectueux dévouement.

Malgaigne

AUTOGRAPHE DE MALGAIGNE

« Monsieur,

« En l'absence de mon mari, je m'empresse de vous exprimer le pénible étonnement que m'a causé votre lettre. Je ne puis que vous assurer, Monsieur, que mon mari est trop persuadé de votre talent et trop reconnaissant des conseils éclairés, que vous lui avez donnés, pour manquer aux égards qui vous sont dus à si juste titre. Je suis donc sûre d'agir d'après ses intentions, en vous priant, Monsieur, de vouloir excuser cet envoi, fait d'après le conseil d'un ami, et de me faire savoir de quelle manière mon mari pourra redresser une démarche dont il sera aussi désolé que je le suis moi-même. Je vous prie instamment, Monsieur, de regarder la chose comme non avenue et de recevoir l'expression de mes sentiments les plus distingués.

« Comtesse de Bernstorff. »

Paris, ce 29 novembre.

« J'adressai aussitôt à la comtesse cette réponse :

« Madame la comtesse »,

« Une lettre telle que la vôtre, eut fait courber le front de Jupiter irrité, et je m'en tiens pour honoré, autant qu'elle vous honore vous-même. J'aurai l'honneur, si Monsieur le comte veut bien me faire la faveur de sa visite, de le recevoir demain de une à deux heures.

« Je mets à vos pieds, Madame la comtesse, l'hommage de ma sincère reconnaissance et de mon respectueux dévouement.

« Malgaigne. »

« Le lendemain, à une heure un quart, le comte était chez moi : je le reçus d'un air souriant et lui tendis la main en lui demandant des nouvelles de sa santé. — « Je suis venu, me dit-il vous témoigner tout mon regret... — Assez, fis-je, Monsieur le comte, qu'il ne soit plus question de cela entre nous et soyez le bienvenu. » Puis je m'enquis de l'affection pour laquelle il m'avait consulté ; il me demanda encore quelques conseils, et quand j'eus déclaré que toutes choses étaient dans le meilleur état, il se leva pour prendre congé, fit quelques pas vers la porte, s'arrêta et me dit : « Vous voudrez bien me dire cependant, ce que je devrai vous envoyer ; je tiens à ce que vous soyez satisfait. — Je le suis, répondis-je ; et votre visite ne me laisse rien à désirer. » Il insista ; je repris : « Monsieur le comte, la question qui s'est élevée entre nous a dépassé les proportions d'une question d'argent, il ne faut pas l'y rabaisser. Si vous trouvez que mes conseils vous aient été utiles, et si vous en avez besoin encore, je serai heureux que vous vous adressiez à moi, et alors nous parlerons d'honoraires. — Je viendrai donc vous consulter au besoin, si vous le permettez, dit-il. — Ce sera un bonheur pour moi. Veuillez présenter mes respects à Madame la comtesse. » Et nous nous séparâmes bons amis. »

Nous aimons à opposer à cette mésaventure assez fâcheuse pour le comte prussien, en dépit de l'apaisement qui a suivi l'orage, le fait suivant qui est de date récente :

En 1903, un de nos amis reçut la visite d'un petit rentier de Montmirail, presque septuagénaire aujourd'hui, nommé Legrand. Cet homme lui raconta dans la conversation que dans sa jeunesse, en 1855, il avait subi une grave opération qui avait été faite à l'hôpital Saint-Louis de Paris par un chirurgien célèbre ; il nomma Malgaigne. Il souffrait alors depuis quatre ans d'un mal inconnu ; il avait consulté les médecins de son voisinage qui, après l'avoir traité de diverses manières, avaient fini par l'envoyer aux Eaux de Barèges, le tout sans qu'il en résultât aucune amélioration dans sa santé.

Malgaigne, après l'avoir examiné soigneusement et interrogé longuement, découvrit qu'il était atteint d'une carie costale, à la suite d'une chute et d'un coup ancien. Il le décida à subir une opération délicate qu'il fit lui-même ; il lui rendit, avec la santé générale, l'usage de tous ses membres, il le renvoya dans son pays entièrement guéri et bénissant celui qu'il appelle encore son sauveur.

L'année suivante, Malgaigne était dans son cabinet de travail, on lui annonça un visiteur qui demandait instamment à être reçu par lui-même. Il l'admit en sa présence, le questionna, et le reconnut comme son ancien opéré. Il lui demanda s'il était entièrement rétabli et quel était le but de sa démarche. — Monsieur le docteur, lui répondit Legrand, je viens vous remercier, car vous m'avez sauvé la vie. » Malgaigne, peu habitué à la reconnaissance des hommes, se montra touché au plus haut point du procédé de son ancien malade. « Eh quoi ! dit-il, vous avez songé à venir me remercier ! — Sans doute, répliqua le visiteur. — Ah ! s'écria le chirurgien, je ne suis pas accoutumé à recevoir de semblables témoignages de reconnaissance pour mes services ! Venez que je vous embrasse ! » Ce qui fut fait immédiatement. Cette petite scène intime n'est-elle pas à l'honneur des deux personnages ?

On reconnaîtra que pour un homme qu'on disait moins habile dans les opérations que plusieurs de ses collègues, Malgaigne avait cette fois bien réussi, puisque, quarante-huit ans après avoir été soigné, le champenois est encore solide, vigoureux et en parfait état de santé.

Le souvenir de Malgaigne n'est point éteint dans le monde médical, mais les témoins de sa vie y sont devenus très rares. Pour ce motif, nous croyons pouvoir reproduire ici, le portrait tracé récemment par un des derniers élèves de Malgaigne : le Dr Denizet, de Château-Landon, aussi connu dans l'arrondissement de Fontainebleau par sa science médicale que par ses travaux archéologiques et littéraires.

On y remarquera la comparaison entre Malgaigne et Gui Patin qui nous avait déjà frappé, avec cette réserve toutefois que le premier était aussi partisan du progrès médical et des inventions nouvelles, que le dernier s'y montrait rebelle. Ne serait-ce pas

Gui Patin qu'aurait visé Molière dans la fameuse scène du *Malade imaginaire* (Acte II, Scène V) où Diafoirus dit de son fils : « Ce qui me plaît en lui c'est qu'il s'attache aveuglément aux opinions de nos anciens et qu'il n'a jamais voulu comprendre ni écouter les raisons et les expériences des prétendues découvertes de notre siècle touchant la circulation du sang et autres opinions de même farine. »

Nous laissons la parole à M. Denizet sur l'enseignement et les habitudes de Malgaigne à la fin de sa vie.

« De corpulence moyenne, la charpente osseuse solide, Malgaigne avait la carrure d'un homme vigoureux et bien musclé ; cheveux plats et abondants ; face large aux reliefs osseux accusés ; nez long, élevé ; des yeux vifs, inquisiteurs et perçants ; le visage empreint d'un teint bilieux prononcé ; la lèvre facilement indignée et frémissante ; les traits d'une mobilité excessive, ce qui, joint à la vivacité du regard, rendait sa physionomie expressive à un degré qui ne peut s'imaginer ; les épaules fortes, la démarche un peu alourdie ; la voix sonore ; l'élocution aisée mais souvent pleine de causticité.

« Il représentait à l'époque où je l'ai connu (1860-64), un homme bien conservé pour son âge. L'arthritisme était le fond de son tempérament. Il portait à la face postérieure des avant-bras sur le trajet du radius et du cubitus, de petites exostoses du volume et de la forme d'œufs de pigeon qu'il ne dédaignait pas de montrer à ses auditeurs, en guise de leçons de choses, dans ses conférences sur les affections chroniques des os. Sa redingote, aux basques allongées, selon la mode du temps, lui donnait l'air d'un vieux professeur de la Sorbonne, du Collège de France, ou de l'Ecole de pharmacie. Nerveux, plein de fougue, il aimait la lutte et recherchait la discussion. Il s'enflammait facilement, et par instants, à la moindre divergence d'opinion, il s'en allait en guerre. Sa logique était rigoureuse, il avait une tendance naturelle à donner à sa parole un ton dogmatique ; sa critique passionnée, acérée, amère, le rendait redoutable.

« Il réglait les inflexions de sa voix sur les incidents du discours, et, quand il venait à s'animer, il accompagnait son verbe d'un rictus narquois tout particulier, où le sarcasme s'alliait avec un ton nasillard si bizarre qu'aucun de ceux qui l'ont vu et entendu n'a pu l'oublier. Ses collègues de la Faculté, les agrégés, les élèves, ses amis et familiers, se faisaient un malin plaisir en parlant de lui, d'imiter son nasillement, sans toutefois y parvenir, à cause des intonations variées dont la gamme lui était personnelle et dont seul il avait le secret. Sévère à lui-même et aux autres, il se montrait aux examens d'une exigence peu commune. Un candidat était-il assez heureux pour réussir complètement une épreuve, il lui disait sèchement de son inénarrable voix : « On voit que vous en avez quelque habitude. » Sur ses lèvres, une telle parole était regardée comme un compliment de faveur.

« Il s'élevait avec véhémence contre les chirurgiens téméraires qui risquaient des opérations insuffisamment justifiées par les indications, et dont les tentatives n'étaient pas toujours couronnées de succès.

« En dehors de l'éloquente figure de Trousseau dont les leçons ralliaient tous les amateurs de saine médecine exposée en un beau langage, il y avait alors à la Faculté, deux hommes d'esprit primesautier, qui, par l'originalité de la pensée et le tour de l'expression, la saillie étincelante de verve, s'étaient fait une place à part au milieu de leurs collègues du professorat. L'un, esprit méthodique et positif, observateur sagace, analyste rigoureux, orateur à la dialectique serrée, à l'ironie âpre et amère ; nature ardente et impérieuse ; d'humeur fantasque, paradoxale, chagrine et combative. Il défendait ses opinions avec une extrême vigueur et, dans sa soif de la vérité, sans pitié pour les personnes, il n'hésitait pas, quand leurs idées n'étaient pas conformes aux siennes, à poursuivre de railleries et de coups de boutoirs ceux-là même que leur activité intellectuelle et leurs travaux hors de pair semblaient devoir mettre à l'abri des atteintes d'un laborieux comme lui. Tel était Malgaigne.

« L'autre, était Pajot, né à Paris en 1816, mort à

Souppes (Seine-et-Marne) en 1896, qui, dès 1850, fut chargé du cours officiel d'accouchement à la Faculté de Paris et devint professeur en titre en 1863. Pajot était vif, allègre, pétillant, aux gestes pleins d'élégance et de malice, le type du gamin de Paris ; en lui tout, attitude, physionomie, parole, respirait la facétie par instants poussée, grâce à une mimique diabolique jusqu'à la bouffonnerie; on admirait chez lui un exposé didactique net, clair, précis; un débit d'un brio incomparable, un esprit le plus souple et le plus lumineux du monde.

« Tous deux, doués d'une mémoire et d'une faculté d'assimilation prodigieuses voyaient, à ces titres divers, la jeunesse s'empresser en foule autour de leurs chaires.

« Par l'impressionnabilité, la vivacité du caractère et le goût de l'ironie, Malgaigne se rapprochait du fameux Lisfranc, de seize ans plus âgé, l'un de ses prédécesseurs à l'Académie de médecine, et qui, comme lui, se livra à l'enseignement de la chirurgie et de la médecine opératoire ; Lisfranc, à la raillerie barbare, qui dévorait les gens, les assommait sous le ridicule, et dont la réputation d'éloquence a survécu jusqu'à nos jours dans le monde médical.

« Parmi les notabilités scientifiques des siècles derniers, Gui Patin est la figure historique avec laquelle la personnalité psychique de Malgaigne nous paraît présenter le plus d'affinités. Pour ne rappeler que les principaux traits qui leur sont communs, on retrouve chez l'un et chez l'autre, la fougue du tempérament, la puissance du raisonnement, l'esprit critique, l'amour de la lutte à outrance, la piquante originalité de la pensée et de l'expression au service d'une langue incisive et satirique, etc.; précieuses qualités qui donnent à leurs physionomies, à travers les âges, un air d'étroite parenté intellectuelle. Un biographe de l'ancien doyen de la Faculté de médecine de Paris, Chéreau, *Dictionnaire encyclopédique des sciences médicales*, dit de Gui Patin :

« Caractère indépendant et primesautier..... Esprit vif, hardi, plein d'entrain, de pénétration, de force morale; une clarté merveilleuse, un grand sens, une étonnante puissance d'analyse et de raisonnement. Il était praticien, philosophe, historien, peintre de mœurs, spirituel, original, d'une éloquence impétueuse, fougueuse, railleur à emporter le morceau, d'une franchise qui touchait à la rudesse et même à une sorte de débauche d'expressions, penseur hardi, novateur brillant, fustigateur impitoyable des réputations mal fondées, des vanités ambitieuses, frondeur militant. »

« N'est-ce pas là le portrait de Malgaigne ? »

Après avoir exposé dans leur ensemble la vie et les travaux de Malgaigne nous voulons nous arrêter sur quelques points particuliers.

Parmi ceux de ses écrits qui nous ont particulièrement frappé, nous avons choisi ceux qui sont d'un intérêt général et accessibles à tous les lecteurs; l'étude des ouvrages qui ont un caractère technique et qui sont la partie scientifique la plus importante de l'œuvre de l'auteur ne pourrait être faite que par des spécialistes : savants ou médecins.

Mais les réflexions de Malgaigne sur la médecine au temps d'Homère, ses considérations sur la chirurgie et sur la science de guérir qui servent d'introduction à l'édition d'Ambroise Paré qu'il a donnée, ses biographies des grands chirurgiens du XIXe siècle ne sont pas d'un intérêt moindre. Ils constituent des documents d'une portée plus générale et d'un mérite supérieur encore.

L'esprit curieux de Malgaigne s'appliquait à des recherches de toute nature dans le passé. Il avait fait des études approfondies sur les premiers monuments de la science, de l'art et de la religion, la Bible et Homère avaient surtout attiré son attention, comme nous l'avons déjà indiqué.

En 1842, Malgaigne lut à l'Académie de médecine une *Etude sur l'anatomie et la physiologie d'Homère.* Il ne nous appartient pas de décider si toutes les observations de Malgaigne sont restées conformes aux découvertes de l'érudition moderne, si, au point de vue médical, elles ne prêtent pas à certains redressements. Ce qui frappe surtout, quand on les lit, c'est l'étendue des connaissances de l'auteur, l'originalité de ses remarques, la forme de son exposé des faits, et la portée incontestable des réflexions qu'ils lui suggèrent.

« Longtemps, écrit Malgaigne, j'avais lu Homère comme littérateur, avant de songer que je pusse l'étudier comme médecin ; ce n'est qu'après avoir vainement cherché ailleurs le secret de l'origine et des progrès de la médecine jusqu'à la grande Révolution opérée par Hippocrate, que j'ai reconnu la nécessité de remonter aux commencements de la civilisation grecque, dont l'Iliade et l'Odyssée sont à la fois la plus ancienne et la plus fidèle histoire..... La source tant cherchée de l'anatomie descriptive, cette question si curieuse sur laquelle Hippocrate garde le silence, Homère semble nous la révéler en sorte que mes recherches m'ont conduit à cette conclusion inattendue que l'Iliade et l'Odyssée, cette vaste encyclopédie, n'étaient pas seulement pour les Grecs le plus sûr fondement de leur religion, de leur langue, de leur histoire et de leur géographie politique, mais que, dans une sphère plus modeste, elles leur avaient transmis des connaissances et un langage anatomique, auxquelles même au siècle d'Hippocrate on avait fait à peine quelques rares additions. »

Tout lecteur de l'Iliade sera frappé à la fois du nombre et de la variété des blessures qu'Homère décrit scrupuleusement, en mettant en relief les caractères toujours différents de chacune d'elles.

Ainsi Malgaigne put r
145 observations de bles
toutes les régions.

L'anatomie d'Homère
caractères : d'abord le p
détails qu'à l'occasion c
riers, et c'est une anato
mais de plus, à défaut
tout les régions extérieu

On doit remarquer q
langue anatomique beau
mère.

Malgaigne entre dans
sur ces points. Nous ne
curieux d'une plaie du c
XIIIe livre de l'*Iliade* : Idon
dans le cœur d'un ennem
dit Homère, agitaient à l
lance. Je ne sache pas, c
ce genre ait été vu par l

L'auteur aborde alors
logie dans Homère. « Il n
à trouver dans ce poète
cielle des fonctions du c
la vie ? Qu'est-ce que

1. Ce passage si curieux es
termes : Alcathoüs tombe ave
son cœur palpiter avec tant d
faisait trembler la pique jusqu'
toutes ses forces avec son sang

question qu'Homère avait résolue pour son temps et qui ne l'est pas beaucoup mieux dans le nôtre ; et d'ailleurs, alors comme aujourd'hui, elle constituait la pierre fondamentale, la base obscure et profonde de toute la médecine. Nous savons du reste que toutes les fois que des mains hardies cherchent à la remuer, l'édifice tout entier vacille et tremble.

« Dans ces temps héroïques, l'homme était considéré comme formé d'une âme et d'un corps. Sa mort consistait dans la séparation de ces deux éléments. Déjà, chez Moïse, on peut signaler une vue presque semblable, mais chez Homère l'âme a une vie plus distincte et un lieu de refuge après sa mort Pour Moïse, l'âme n'avait plus d'existence à part ; tout au plus Salomon, bien postérieur à Moïse, ajoute-t-il que le corps retournant à la terre, l'esprit remonte à Dieu qui l'a donné.

« On se demande d'où venaient aux héros d'Homère leurs croyances toutes nouvelles de la persistance des âmes, et il semble que la première idée en vint de l'apparition dans les songes de personnes qui n'habitaient plus parmi les vivants. Homère met à part les morts violentes qui sont le fait de l'homme contre lesquelles l'homme a quelques secours, ce secours est naturellement la chirurgie. En dehors des morts traumatiques, les autres morts pour le poète, sont amenées par la volonté des dieux, et dès lors, il n'y avait pas de pathologie interne ni surtout pas de thérapeutique à pratiquer.

« C'est là, ajoute Malgaigne, la conséquence à laquelle m'avaient amené mes recherches sur le Pentateuque et les premiers livres de la Bible. Accord étrange entre deux peuples tellement séparés par tout le reste de leurs croyances! Aux effets du courroux d'Israël comme des dieux de l'Olympe on ne pouvait logiquement opposer que la prière et les offrandes, c'est là aussi toute la médecine des premiers temps de l'Humanité. La chirurgie, au contraire, était chose permise et toute naturelle et nous rencontrons aussi bien les chirurgiens dans le Pentateuque que dans l'Iliade et dans l'Odyssée. »

Nous ne rechercherons pas ici si la théorie développée par Malgaigne est absolument sûre. Daremberg, dans son *Dictionnaire des antiquités grecques et romaines* (t. Ve *in-fine*), résume comme il suit la conception homérique sur l'âme. « Après la mort de l'homme, elle s'échappe, elle conserve la forme et les traits du défunt: c'est l'image, le double de sa personne. Elle flotte sur la terre aux environs du cadavre jusqu'à ce qu'il ait été détruit par la crémation. Elle descend ensuite dans l'Hadès d'où elle ne reviendra plus. Les âmes ont un semblant d'existence, elles deviennent des ombres, elles perdent en général le souvenir du passé. Ulysse, cependant, le leur a rendu en versant le sang des victimes (xie Chant). D'après le xxive Chant au contraire, il semble que les ombres gardent la conscience et le souvenir.

Les Grecs modifièrent plus tard leurs sentiments sur ces différents points. »

La publication des études historiques de Malgaigne avait déjà placé son nom à un rang élevé dans le monde savant, quand l'édition qu'il donna des œuvres d'Ambroise Paré, sa magistrale introduction sur les progrès de la chirurgie au XVIe siècle et sur la vie et les ouvrages du chirurgien de Charles IX le mirent tout à fait hors de pair. C'est en 1840 que parut à Paris chez J.-B. Baillière cette œuvre qui est demeurée classique, avec la devise : « Labor omnia vincit improbus. »

Malgaigne dans son introduction expose le plan général de la façon suivante :

« J'avais formé le projet, non d'une histoire de la chirurgie, car l'histoire quelque complète qu'on la suppose, ne représente pas les objets mêmes, mais seulement l'impression qu'en a reçue l'histoire ; je voulais, pour chaque grande époque de l'art, reproduire en entier, soit avec les textes originaux soit par des traductions fidèles les écrivains les plus remarquables en y rattachant dans des notes ou dans des introductions spéciales les observations et les doctrines des auteurs de second ordre. Ainsi pour les anciens, à la chirurgie d'Hippocrate et de Celse se seraient ralliés facilement celles de Galien, d'Aetius et de Paul d'Egine. Albucasis aurait été le type de la chirurgie des Arabes complété par des extraits de Rases, Ali-Abbas et d'Avicenne ; à Guy de

Chauliac, j'aurais rattaché les Arabes ; à Ambroise Paré tous les chirurgiens du XVe et du XVIe siècle, à part quelques-uns d'une originalité trop prononcée pour pouvoir ainsi se fondre dans l'ouvrage d'un autre, tels que France Wurtz, Tagliacozzi qu'il eut fallu publier à part, et j'avais calculé que 10 volumes auraient suffi pour conduire jusqu'au XVIIe siècle cette espèce d'encyclopédie chirurgicale. Mais ce dessein n'est pas de ceux qui se réalisent aussi facilement qu'on les a conçus. C'était une tâche bien longue et laborieuse pour un seul homme. »

Nous regrettons que ce plan qui aurait été merveilleusement rempli par son auteur n'ait pas été exécuté. Malgaigne s'en tint donc à la publication d'une introduction générale, qui a conservé la plus grande valeur scientifique.

Pour lui, Ambroise Paré n'est pas un chirurgien isolé, c'est le chef et le représentant de toute une époque, et il a voulu le montrer tout entier. Les considérations générales ne manquent pas sous la plume de l'auteur : « La chirurgie, dit-il, fondée par Hippocrate, sous l'inspiration de la philosophie socratique, marcha d'un pas assez sûr dans la double voie de l'observation et du raisonnement, jusqu'à l'époque de Galien, qui fait passer définitivement les creuses théories de Platon et d'Aristote dans la médecine. Alors, les peuples, déjà dépouillés de leur liberté politique au profit de l'autorité impériale, se tenaient prêts à sacrifier leur liberté morale et intellectuelle à l'autorité religieuse ; alors, dans les sciences, apparaît et se développe cette foi aveugle dans la parole du maître qui déjà perce dans les écrits de Galien. Puis, de même qu'en matière religieuse, nous voyons l'autorité se déplacer, à l'Evangile succéder les Pères de l'Eglise et les conciles, aux conciles les Papes et les théologiens, de même en chirurgie l'autorité passe d'Hippocrate à Galien, de Galien aux Arabes, des Arabes aux Arabistes, jusqu'à ce qu'enfin éclate la révolte du XVIe siècle. »

Malgaigne retrace la vie d'Ambroise Paré dont la date de naissance exacte est inconnue et qui mourut en 1590 à Paris. Il le montre garçon barbier d'abord, puis étudiant trois ans à l'Hôtel-Dieu de Paris, à ses heures de liberté, maître barbier-chirurgien en 1576, appelé à l'armée auprès du maréchal de Matignon, du duc de Vendôme, chirurgien d'Henri II, de François II, de Charles IX, d'Henri III, enfin reçu maître par le collège des chirurgiens de Saint-Côme de Paris, quoique ne sachant pas le latin. Il rappelle sa belle réponse : « Je le pansai, Dieu le guérit », en parlant d'un blessé qu'il avait sauvé. Il vante sa profonde piété, sa tolérance ; « Ambroise Paré, dit-il, n'attaqua jamais personne et il laissa volontiers à ses adversaires le dernier mot. Il est monté plus haut que jamais homme de sa profession, il n'oublia point pour cela le point d'où il est parti. Avec quelle franchise, trop peu imitée, il vante les jeunes chirurgiens qu'il a formés, sans en prendre ombrage !

Après Dieu, il a un autre amour, un autre dévouement au cœur : c'est celui de la science. Il ne sait pas assez bien écrire peut-être, il aura des correcteurs ; il ne peut lire des livres latins, il prendra des traductions ; lui, premier chirurgien du Roi, et recevant comme tel des appointements de 600 livres, il en dépense 3000 pour faire graver les planches de ses instruments; il mettra à l'enchère, il achètera de ses propres deniers les secrets des charlatans qu'il s'empressera de divulguer. »

Parmi les œuvres d'Ambroise Paré que Malgaigne a éditées, on remarquera surtout : la *Méthode pour traiter les plaies faites par les arquebuses*, la *Méthode curative des plaies et des fractures de la tête*, l'*Anatomie universelle du corps*, des livres sur la chirurgie avec l'indication des instruments nécessaires, les traités de la peste, de la petite vérole, de la rougeole, un travail sur la génération des hommes et des monstres, etc.

Malgaigne, en retraçant la vie d'Ambroise Paré, soutient qu'il avait cessé d'appartenir à la religion protestante après avoir été élevé dans cette croyance ; mais cette opinion, contraire d'ailleurs aux récits de Brantôme et de Sully, est actuellement rejetée. M. Le Paulmier, dans son ouvrage sur Ambroise Paré, édité par Charavay, rappelle que le célèbre chirurgien fut l'objet d'une tentative d'empoisonnement, en 1562, après la reprise de Rouen, par des choux, où des fanatiques catholiques avaient mis de l'arsenic ou du sublimé, par haine contre un adepte de la religion réformée. Le même auteur ajoute que, dans le procès qu'Ambroise Paré a soutenu en 1567 contre la Faculté de Paris qui s'opposait à l'impression de ses œuvres, le chirurgien rédigea un mémoire où il dit expressément :

« Le mot de religion a été cité par moi, non pour me glorifier d'avoir telle opinion, et moins en intention de montrer que ceux qui suivent la sainte Eglise catholique et romaine abusent de moyens illicites pour se défaire de leurs ennemis ».

Ce passage du mémoire confirme l'opinion qu'Ambroise Paré demeura huguenot toute sa vie. C'est dans le voisinage de notre résidence de campagne de Jallemain et dans l'arrondissement de Fontainebleau que les descendants d'Ambroise Paré existent encore. Sa fille avait épousé Claude Hedelin qui était lieutenant général du Bailliage de Nemours où il mourut. Leur fils aîné devint lieutenant criminel du duché de Nemours. Le marquis Thury Le Charron, propriétaire du château de Paley sis auprès de Lorrez-le-Bocage, descendait de lui ; c'est chez ses héritiers, que se trouve, avec des autographes de la famille Paré, le seul portrait qui puisse être considéré comme authentique du chirurgien de Charles IX, ainsi que l'établit M. Le Paulmier qui en a donné une gravure fort belle dans son livre.

Dans l'édition des œuvres d'Ambroise Paré, publiée par Malgaigne, ce qui attire le plus l'attention, c'est l'introduction qui constitue à elle seule une étude complète, sous une forme analytique, des progrès de chirurgie du VIe au XVIe siècle.

Les titres des chapitres de cette admirable Préface suffisent à le montrer :

§ 1. — Coup d'œil sur la Chirurgie en Orient du VIe au XIe siècle.

§ 2. — Ecole de Salerne au XIe siècle. Premières traductions arabes.

§ 3. — XIIe siècle, Gérard de Crémone.

§ 4. — Origine des Universités au XIIIe siècle. Enseignement et pratique de la Chirurgie d'alors.

§ 5. — Chirurgiens du XIIIe siècle. — Roger et autres.

§ 6. — Lanfranc à Paris.

§ 7. — XIVe siècle. — Déclin des Universités italiennes. — École de Paris. Pitard, Henri de Mondeville.

§ 8. — École anglaise.

§ 9. — École de Montpellier. — Guy de Chauliac.

§ 10. — Déclin de la chirurgie à Montpellier. — Balescon de Tarante.

§ 11. — XVe siècle. — Derniers chirurgiens arabistes en Italie.

§ 12. — Des médecins au XVe siècle qui ont aidé au progrès de la chirurgie.

§ 13. — Empiriques du XVe siècle. — Les alchimistes.

§ 14. — Les grandes découvertes du XVe siècle. Manuscrits anciens. Découvertes de l'imprimerie et de l'Amérique. Leur influence sur l'art.

§. 15. — Benivieni. — Premiers essais d'anatomie pratique.

§. 16. — De l'état de la chirurgie en France au xve siècle. — Chirurgie parisienne. — Histoire de la confrérie de Saint-Côme et des barbiers de Paris.

§ 17. — La chirurgie en France au xve siècle. — La chirurgie militaire.

§ 18. — Chirurgiens des campagnes, inciseurs, rebouteurs, arracheurs de dents.

Dans la seconde partie de l'Introduction, Malgaigne nous donne un tableau brillant de la chirurgie pendant la première moitié du xvie siècle, des écoles italiennes, allemandes de Strasbourg, de l'école de Paracelse.

Enfin dans la troisième partie, il retrace la vie d'Ambroise Paré dont nous avons résumé les principaux traits.

En lisant ce long et beau travail, on est confondu de l'étendue des recherches qu'il suppose ; on ne saurait trop louer la clarté de l'exposition et l'éclat du style, avec lequel l'auteur résume les connaissances qu'il a acquises et dont il présente au lecteur un tableau vivant, modèle accompli d'une publication de cette nature.

A son apparition, elle excita l'admiration générale et elle attira au talent de Malgaigne les suffrages qu'il n'avait pu se concilier jusqu'alors. Il avait conquis cette fois la première place parmi les historiens de la médecine.

En publiant, en 1841, le 3e volume, Malgaigne se rendait lui-même justice avec fierté et nous ne pouvons qu'applaudir à son langage :

« Voilà, écrivait-il, le dernier volume de cette nouvelle édition et, si cette expression m'était permise, la dernière pierre du monument littéraire que j'ai voulu élever à la mémoire et au génie d'Ambroise Paré. Le piédestal aurait pu être plus digne de la statue ; le seul témoignage que je veuille me rendre est que pendant deux années de travail opiniâtre je n'y ai point épargné mes efforts. J'ai tâché, autant qu'il était en moi, dans mon Introduction et dans mes notes, de peindre ce grand homme au milieu de son époque, et de mettre ses doctrines en regard des doctrines rivales, afin que le lecteur, embrassant d'un coup d'œil le point de départ et le point d'arrivée puisse mesurer le chemin qu'il avait fait. »

Il ajoutait plus noblement encore, en confessant quelques erreurs ou quelques oublis : « C'est à la fois le regret et la joie des hommes qui s'adonnent aux études sérieuses d'apprendre toujours quelque chose et par une inévitable conséquence de trouver quelque chose à reprendre dans leurs travaux antérieurs. »

CHAPITRE IV

TRAVAUX BIOGRAPHIQUES DE MALGAIGNE SUR LES CHIRURGIENS ASTLEY COOPER, BOYER, DUPUYTREN. — ENTRETIEN DE LISFRANC ET DE MALGAIGNE. — JUGEMENTS PORTÉS SUR DUPUYTREN PAR DIVERS AUTEURS. — ÉLOGE DE ROUX PRONONCÉ PAR MALGAIGNE.

Malgaigne a publié, dans la nouvelle *Biographie universelle* éditée par MM. Firmin-Didot frères, sous la direction du Dr Hoefer, les vies de plusieurs chirurgiens célèbres. Ces biographies offrent un vif intérêt tant par les peintures de la carrière et des idées des personnages que par les tableaux qu'ils présentent de la science médicale de leur temps. C'est à ce double point de vue que nous nous plaçerons pour les analyser avec quelque étendue.

Ces notices sont écrites dans un style clair, précis, nerveux, avec une grande indépendance d'esprit chez l'auteur; les jugements qu'il porte paraissent en général conformes à la vérité, sauf en ce qui concerne Dupuytren.

SIR ASTLEY COOPER

Malgaigne a consacré une longue et curieuse étude à Sir Astley Cooper, qui fut le plus grand chirurgien de l'Angleterre au commencement du XIXe siècle.

La profession médicale a toujours été plus considérée et plus honorée dans la Grande-Bretagne qu'en France, autrefois du moins. Le duc de Saint-Simon l'indique déjà dans ses *Mémoires* (t. XIII, p. 221). « Le Czar, écrit-il, avait auprès de lui son médecin écossais qui était en même temps son confident et son ministre. *Il faut savoir que dans toute la Grande-Bretagne, la profession de médecin n'est au-dessous de personne.* »

Astley Cooper pouvait donc, sans déroger, malgré quelques prétentions nobiliaires de sa famille, exercer l'art de guérir, comme l'ont fait des nobles plus anciens et plus authentiques que lui.

Il naquit le 3 août 1768 à Brooke, canton de Norfolk, il mourut à Londres le 12 février 1841.

Il était, écrit Malgaigne, le quatrième fils du Révérend Samuel Cooper, recteur à Brooke et il descendait par sa mère, de la famille Paston, alliée aux comtes de Yarmouth, ce qui lui fit ajouter quelquefois à son nom celui de Paston. Son père se chargea de commencer son éducation. Le seul professeur qu'il eut à partir de cette époque de sa vie fut le maître d'école du village qui enseignait l'écriture, le calcul, les mathématiques et, parmi tous ses élèves, ce fut le plus médiocre. Rien alors, assurément, ne faisait présager son brillant avenir ; c'était un enfant dissipé, volontaire ; aucun danger ne l'effrayait ; il montait sans bride les chevaux les plus vicieux ; et l'on raconte qu'il se cassa la clavicule en voulant sauter sur un âne, par-dessus une vache accroupie. Cette intrépidité, jointe à un rare sang-froid, lui fut utile dans un cas qu'il aimait à rappeler. Un de ses frères de lait étant tombé de voiture, la roue lui passa sur la cuisse et déchira les téguments et l'artère fémorale. Le sang coulait à flots, et tout était alarme et confusion, quand arriva A. Cooper à peine âgé de douze ans : il se précipita sur le blessé, serra son mouchoir autour de la cuisse, au-dessus de la plaie, et arrêta l'hémorragie. C'était, disait-il, ce premier exploit qui avait éveillé son goût pour la chirurgie.

En 1781, son père fut nommé recteur à Yarmouth ; et peu après, son oncle William Cooper, chirurgien Senior à l'hôpital de Guy, étant venu visiter la famille, il fut arrêté qu'on laisserait le jeune homme suivre sa vocation. Il fut donc envoyé à Londres en août 1784, sous la direction de son oncle. Mais il n'y put rester longtemps ; il avait apporté à Londres des habitudes de paresse, de dissipation et d'indiscipline, qui lassèrent bientôt la patience de l'oncle ; et celui-ci le déclarant ingouvernable, le remit entre les mains de Cline, chirurgien de l'hôpital Saint-Thomas.

Cline, esprit ardent et généreux, était bien le maître qu'il lui fallait ; il ne tarda pas à prendre sur lui un grand ascendant ; il lui inspira la passion de son art, et il lui fit partager quelques idées politiques avancées ; de telle sorte que, le transformant à son image, de ce jeune homme si paresseux et si insouciant il fit tout à la fois un élève remarquable par son application et un jacobin.

Tout d'abord, A. Cooper s'adonna aux dissections avec une telle persévérance et un tel succès, que l'année d'après il avait dépassé tous ses condisciples. Dès lors, il suivit avec assiduité le service de chirurgie. A dix-sept ans, il fut reçu membre de la *Physical Society*, la plus renommée des Sociétés de médecine de Londres. A la fin de l'année, il revint à Yarmouth, paré de ce nouveau titre ; mais au lieu de dissiper ses vacances comme autrefois, lui-même demanda à rester chez un certain Turner, chirurgien apothicaire du lieu pour apprendre à connaître les médicaments.

En 1787, il alla à Edimbourg suivre les cours de médecine de Grégory et de Cullen ; il essaya aussi avec Dugald-Stewart l'étude de la philosophie ; mais, la métaphysique était trop étrangère à son esprit qui répugnait aux abstractions.

A son retour à Londres, telles étaient déjà sa réputation de savoir et son habileté dans les dissections, qu'il fut nommé démonstrateur d'anatomie à l'hôpital Saint-Thomas ; et il s'acquit en peu de temps une si grande popularité parmi les élèves, qu'en 1791, Cline se l'associa pour ses leçons d'anatomie. C'était la coutume en Angleterre, à cette époque, de mêler l'enseignement de l'anatomie à celui de la chirurgie. A. Cooper se proposa de les séparer. Il eut à vaincre de fortes résistances; mais enfin Cline l'approuva, et, gardant pour lui-même le cours d'anatomie, le laissa chargé, dès 1792, des leçons de chirurgie. Ces leçons se faisaient tous les soirs à l'hôpital Saint-Thomas, et le jeune professeur y apporta une activité et un dévouement extraordinaires. On raconte même que, s'étant marié peu après, le soir de la cérémonie il fit sa leçon à l'ordinaire, et avec une telle liberté d'esprit, que ses auditeurs ne se doutèrent point du changement qui venait d'arriver dans sa position. Il avait épousé une riche parente de Cline, Mlle Cock.

Durant les vacances, il fit avec sa femme, au printemps de 1792, un voyage à Paris, où il comptait étudier de près la chirurgie française.

Ses opinions très libérales lui faisaient voir avec faveur la crise politique qui traversait notre pays, mais il ne tarda pas à être désillusionné par les événements dont il fut le spectateur, notamment lors de l'assaut donné aux Tuileries.

Il revint en Angleterre au mois de septembre. Il n'aimait pas à parler de cette époque de sa vie, et peut-être les souvenirs qu'il en garda, attiédirent-ils quelque peu la première chaleur de ses convictions politiques. Il avait d'ailleurs entendu Chopart et Desault professer, et peu satisfait du premier qu'il appelait une bonne vieille femme sans caractère, il avait gardé pour Desault une plus grande estime. Ils sympathisaient au moins par un côté.

La chirurgie semblait aussi préparer sa Révolution et Desault, à Paris, faisant mépris des traditions, affectait le dessein de recommencer la science. Telles étaient aussi à Londres les prétentions d'un homme qui les justifiait au moins par son génie : J. Hunter, déclarant sans détour que, *chercher la science dans les livres était une folie, et que le seul livre à consulter était celui de la nature.* Cline, admirateur de Hunter avait fait partager à A. Cooper son enthousiasme, il avait donc suivi les leçons de Hunter, et dans son premier cours, il chercha même à marcher sur ses traces. Mais, pour aborder ainsi les grands principes de la chirurgie, il fallait une autorité qu'il n'avait pas ; et d'ailleurs son esprit, rebelle aux grandes généralisations, était plus propre à l'observation des détails et aux applications pratiques. Averti par la désertion de son auditoire, il se replia sur lui-même, comprit qu'il avait fait fausse route, et se réduisant à l'exposition de la pathologie chirurgicale et de la médecine opératoire, enrichies de ses idées et de ses découvertes, il ramena la foule à son amphithéâtre.

Bransby Cooper, le neveu du célèbre chirurgien, nous rapporte, dans sa Biographie de son oncle, deux anecdotes caractéristiques qui concernent ce dernier.

En 1796, A. Cooper accompagna M. Gawler à Hambourg, à l'occasion d'un duel qu'eut ce dernier avec lord Valentia. En revenant en Angleterre, ils essuyèrent une tempête pendant laquelle Cooper prouva que les hommes les plus courageux ont leurs moments de faiblesse, et que le même individu qui brave hardiment le danger dans un cas, peut reculer devant lui dans une autre circonstance. Les effets réunis de la crainte et du mal de mer lui donnèrent un véritable délire, et il lui arriva souvent de dire ensuite que toutes les richesses des Indes ne pourraient l'engager à faire par mer un voyage plus long que celui de Douvres à Calais. Aussi est-ce le chemin qu'il prit toutes les fois qu'il revint sur le continent.

En 1798, il fit une chute de cheval qui mit ses jours en danger et le retint couché pendant cinq ou six semaines. Un jour que, persuadé qu'il n'en reviendrait pas, il se lamentait devant M. Cline, et déplorait moins encore sa propre perte que l'arrêt de ses recherches scientifiques, et le tort qui en résulterait pour le bien public. « *Tranquillisez-vous, mon ami, lui répondit son interlocuteur, que vous succombiez ou que vous reveniez à la santé, le résultat de votre maladie sera considéré comme n'ayant pas la moindre conséquence pour l'humanité.* » Cette circonstance peut donner une juste idée de l'enthousiasme de l'un pour sa profession et du sang-froid philosophique de l'autre.

En 1800, son oncle William donna sa démission de chirurgien de l'hôpital de Guy et l'occasion paraissait favorable pour lui succéder ; mais l'oncle semblait avoir conservé quelque rancune contre son parent et il favorisait un autre candidat. On ne niait point les titres scientifiques de A. Cooper ; mais on lui opposait son radicalisme, et le trésorier de l'hôpital, de qui l'élection dépendait, restait fort incertain. A. Cooper se détermina à lui écrire qu'après mûre réflexion il avait reconnu que ses opinions politiques n'étaient bonnes qu'à lui troubler l'esprit et à entraver ses succès dans le monde, *et en conséquence qu'il s'était résolu à y renoncer*. Cette abjuration que Malgaigne trouve seulement un peu crûment motivée, et que nous jugerions plus sévèrement, lui ramena aussitôt les suffrages, et il fut élu chirurgien de l'hôpital de Guy.

Alors commença une série de travaux et de publications de premier ordre poursuivis sans relâche :

En 1806, le premier, il lia l'artère carotide, il publia deux opuscules de ces opérations ; il fit imprimer ses recherches suivies des plus heureuses découvertes sur les membranes du tympan, sur la surdité, sur les hernies, sur les calculs de la vessie.

En 1805, A. Cooper, devenu célèbre, avait accepté la place de professeur d'anatomie comparée au Collège des chirurgiens. C'était pour lui, un sujet à peu près nouveau ; au lieu de s'y préparer par la lecture des auteurs, il se résolut à faire lui-même toutes les dissections nécessaires, en y consacrant une partie de ses nuits. L'excès de travail altéra sa santé, il devint sujet à des attaques de vertige ; et un jour même chez le duc de Manchester, il tomba sans connaissance. Heureusement il laissa l'anatomie comparée, pour reprendre ses recherches chirurgicales.

En 1817, il pratiqua la ligature de l'aorte, opération *qui laissait bien en arrière toutes les témérités connues et qui peut passer pour les colonnes d'Hercule de la médecine opératoire.*

En 1818 et en 1822, il fit paraître ses remarquables ouvrages sur les luxations et sur les fractures.

Un peu auparavant, la fortune avait encore réalisé un de ses vœux. En 1820, il fut consulté par Georges IV et en 1821, il fut choisi pour enlever une tumeur stéatomateuse que le roi portait à la tête. A. Cooper ne s'était chargé de cette opération qu'à son corps défendant : « Je priai, a-t-il dit, lord Liverpool de persuader au roi qu'il devait faire choix de Hane pour se faire opérer, et cela, avec d'autant plus de raison, que l'étiquette le voulait ainsi puisqu'il était chirurgien en titre ; mais lord Liverpool me répondit qu'il lui était très difficile de s'imposer dans le choix d'un opérateur. J'avais cependant une excessive répugnance à me charger de cette commission. Jusqu'alors j'avais été toujours très heureux et j'avais à craindre que cette opération, si elle était malheureusement suivie d'érésipèle, ne vînt à bouleverser mon honneur et à ternir ma réputation... Bientôt après sir Henry Halford fut appelé dans le cabinet et en étant sorti immédiatement, il me dit que j'avais été choisi pour pratiquer l'opération. Cette annonce fit sur moi l'effet de la foudre et je fus saisi de vertiges en pensant que mon sort à venir était maintenant attaché à l'issue d'un pareil événement. »

Les craintes de A. Cooper s'expliquaient par les crises nerveuses auxquelles il était sujet lui-même.

Il opéra donc quasi contraint et forcé ; du reste tout réussit à souhait et, outre un présent de cinq cents guinées, il reçut le titre de baronnet, puis en 1824, il fut nommé chirurgien du roi.

Épuisé par les immenses travaux d'une carrière qui n'avait jamais eu de précédent, il sentit que le moment du repos était venu enfin pour lui. En 1825, il cessa ses leçons et donna sa démission de chirurgien de l'hôpital de Guy. Mais la passion du travail et les entraînements de la clientèle le dominaient encore. En 1827, il perdit son ami Cline, puis sa femme, et le chagrin qu'il ressentit de ces événements ébranla définitivement sa santé déjà compromise. Il se retira dans une de ses terres, mais dès que ses forces furent un peu revenues, il ne put supporter la solitude et l'inaction, il revint à Londres pour reprendre son genre de vie.

De 1829 à 1832, il publia une série nouvelle d'ouvrages sur l'anatomie : la mort le surprit travaillant à l'un d'eux encore. Malgré les crises répétées de la maladie, il continua jusqu'au bout à donner ses consultations, disant qu'il voulait *mourir sous le harnais*. Quand il expira, il put reconnaître que la vie lui avait été toujours douce. *Il n'avait pas eu comme tant d'autres à lutter dès sa jeunesse avec la pauvreté*, ajoute Malgaigne, avec un retour mélancolique et fier sur sa propre destinée. A cette rare faveur de la fortune, A. Cooper avait joint les dons du caractère : bienveillant pour ses confrères, plein de cœur pour ses malades, familier avec ses élèves, libéral de ses conseils et souvent de sa bourse, c'est à peine s'il rencontra quelques inimitiés, et sa mort fut un deuil public.

Selon Malgaigne, il n'y a pas d'exemple, dans les annales de la chirurgie, d'une clientèle aussi considérable et aussi fructueuse que celle d'A. Cooper. A sa mort, le bruit public estimait sa fortune à douze millions et demi. Il dépensait peu lui-même, mais il avait la main facilement ouverte : ses libéralités envers sa famille étaient grandes ; il sacrifia 500 000 francs pour faire élire son frère au Parlement.

Il n'avait eu qu'une fille morte en bas âge. Sa fortune revint, avec le titre de baronnet, à un neveu, dont il était le parrain, et qui se nommait comme lui Astley-Paston-Cooper.

Comme professeur, il était clair, précis, pénétrant ; comme opérateur, il était ferme, habile, plein de ressources, mais peu propre aux opérations délicates. Ce qui faisait sa supériorité dans la pratique, c'était sa profonde connaissance de la marche et de la nature de la maladie, la sûreté et la précision du diagnostic.

A ces causes légitimes de succès, il faut ajouter l'éclat de ses leçons et de ses ouvrages, l'aménité de son caractère, qui se peignait sur sa figure. D'ailleurs, il s'était appliqué aussi très sérieusement à cultiver la faveur publique : il était affilié aux clubs en renom, donnait de fréquentes soirées, où il réunissait les médecins de Londres et des provinces.

S'il tremblait devant l'opération à faire à Georges IV, c'était moins pour son royal client, que pour lui-même. Lorsqu'il eut une attaque de vertige chez le duc de Manchester, ses premiers mots, en reprenant connaissance, furent pour prier le duc de n'en parler à personne ; et en effet, le secret lui fut gardé jusqu'à sa mort. « Dirai-je enfin, ajoute Malgaigne, que les Anglais, hommes positifs, attribuent une notable part de sa vogue, au zèle et à l'intelligence d'un domestique dont ils ont conservé le nom, Charles Osbaldistone, par abréviation Balderson, qui fut vingt-six ans à son service et qui se vantait, dans ce long cours d'années, de n'avoir jamais laissé perdre à son maître une consultation ou un malade ; et l'on dit qu'il gagna en une seule année 15 000 francs à distribuer des tours de faveur pour la consultation. »

D'ailleurs, ainsi qu'on l'a vu, ce chirurgien, le plus occupé du monde entier, fut en même temps l'un des écrivains les plus féconds et les plus remarquables. Comment y était-il parvenu? Par un travail continuel, qui compromit sa santé à plusieurs reprises. Démonstrateur d'anatomie, il avait eu des hémoptysies fréquentes qu'il attribuait à la position penchée qu'exigeait la dissection ; souvent, disait-il, il avait quitté l'amphithéâtre pour vomir le sang. Plus tard, il se fit assister dans ses recherches par de jeunes anatomistes, qu'il faisait travailler quelquefois de 6 heures du matin à 11 heures du soir ; mais si matin que vinssent ses élèves, ils le trouvaient debout et au travail. Lui-même racontait que, pendant un temps, il se levait à 4 heures du matin, avant ses domestiques, allumait son feu, se mettait à la besogne jusqu'à 10 heures, déjeunait alors, allait voir ses malades, et consacrait encore la soirée à reporter sur son livre de notes ses observations de la journée.

Lorsqu'il revint à Londres après sa courte retraite à la campagne, on l'entendit souvent dire que *le repos l'aurait tué, ou qu'il aurait fini par se pendre*. Quelques-uns ont attribué ce prompt retour à l'ardeur d'amasser, commune aux vieillards et *qui n'est pas rare chez les chirurgiens* ajoute malicieusement le biographe. Du moins faut-il reconnaître que l'amour de la Science y eut une grande part ; ses derniers travaux furent purement anatomiques. Dans cette ardeur de concourir aux progrès de l'art, peu de temps avant sa mort, il exprima le vœu que l'on ouvrît son cadavre ; il désigna lui-même quatre points sur lesquels on devait diriger les investigations ; les pièces devaient être déposées à l'hôpital de Guy, et les détails de l'autopsie consignés dans un recueil de médecine.

Malgaigne, en appréciant les travaux de Cooper, lui reproche de n'avoir jamais voulu rien devoir à ses devanciers et à ses contemporains et d'avoir prétendu à lui seul reconstituer la science d'après ses uniques observations personnelles, en vrai disciple de J. Hunter. Il dit que la valeur de ses ouvrages fut mise en question de son vivant. Il ajoute :

« On se tromperait donc, si jugeant les œuvres de A. Cooper d'après leurs titres on pensait y trouver des traités didactiques et complets ; ce sont plutôt des fragments rapportés des mémoires spéciaux, où il expose les résultats de son expérience personnelle, en arrière quelquefois sur l'expérience générale, mais aussi fréquemment en avant, car s'il eut les défauts de son école, nul autre esprit dans ce siècle ne fut aussi bien doué peut-être pour en saisir tous les avantages, et, en se débarrassant de toute tradition, de toute idée étrangère, rarement du moins il s'arrêtait à la surface des choses ; et lorsqu'il s'attachait à creuser une question il allait presque toujours plus profondément qu'on n'avait fait avant lui.

« Certes l'Ecole de J. Hunter a été féconde en chirurgiens de premier ordre ; mais A. Cooper en reste encore jusqu'à présent l'expression la plus brillante et le plus glorieux représentant. »

Nous ajouterons au jugement porté par Malgaigne celui qu'Astley Cooper nous a laissé sur lui-même, d'après une note autographe qu'a publiée son neveu :

« Sir Astley Cooper fut un bon anatomiste, mais il ne fut jamais un bon opérateur dans le cas où il fallut beaucoup de délicatesse dans l'opération : il sentait beaucoup trop vivement avant de commencer, pour jamais faire un chirurgien parfait sous ce rapport. Quant à l'opération de la cataracte, son organisation l'y rendait tout à fait impropre. Son côté brillant était la rapidité de perception, car il diagnostiquait la nature des maladies en un instant, et souvent il choqua par là des confrères en les forçant à se ranger à son opinion. La même faculté assurait l'excellence de son pronostic. Il fut également bon anatomiste en anatomie morbide et en anatomie de structure normale. Il eut une mémoire excellente et toujours prête à le servir. En jugement il fut inférieur à M. Cline pour toutes les affaires de la vie, et de là vint qu'il marcha constamment sur une mine prête à éclater sous ses pas. Son imagination, très vive, eût toujours été disposée à l'entraîner, s'il ne l'eût soumise à l'action d'un contrôle sévère. »

Il nous semble que Sir Astley Cooper s'est apprécié trop sévèrement comme opérateur, car on sait qu'il était toujours maître de lui, habile et heureux à un degré qui a été rarement égalé.

ALEXIS BOYER

Dans la nouvelle *Biographie universelle de Didot*, Malgaigne a écrit avec le même talent que la précédente, la vie d'un chirurgien français, d'un fils du peuple cette fois : Alexis Boyer. Il était né en 1757 à Uzerches, petite ville du Limousin. Il mourut à Paris en 1833. Fils d'un pauvre tailleur, petit-clerc de notaire, il fréquentait la boutique d'un chirurgien-barbier où il suivait avec intérêt de petites opérations.

A dix-sept ans, il vint à Paris avec 70 francs dans sa poche ; il entra pour vivre, comme premier garçon chez un barbier, il fréquenta l'amphithéâtre d'anatomie à ses heures de liberté, se fit bien venir des élèves en leur nettoyant leurs instruments, en les aidant dans leurs opérations.

L'année suivante, il arriva à disséquer pour son compte, à donner quelques leçons ; « Les dimanches et fêtes, écrit Malgaigne, il reprenait le rasoir, il se faisait de ces séances exceptionnelles, le revenu non méprisable d'un petit écu. La soupente affectée au garçon barbier ne pouvait plus lui convenir ; il eut un logement à lui-même, une mansarde, carrefour de l'Odéon, munie d'un mobilier à lui, d'un lit de bois peint, une table en sapin, deux chaises et un coffre pour son linge : l'ameublement tout entier ne lui revenait pas à moins de 35 francs.

« On se plaît, continue Malgaigne avec un sentiment personnel qui révèle encore ici le souvenir des journées difficiles qu'il avait aussi connues, on se plaît à recueillir les humbles commencements des hommes qui ont illustré leur carrière. »

Mais les épreuves de Boyer ne devaient pas s'arrêter là ; sa mansarde trop petite dut être échangée contre une autre plus spacieuse : Boyer n'était plus seul, sa famille informée de ses prospérités inouïes lui avait dépêché un de ses neveux auquel il donnait libéralement l'hospitalité. Il pourvoyait à tout, à force d'économie, et, par exemple, l'hiver le bois étant trop cher, il avait imaginé de travailler au lit.

Tout près de la mansarde habitait une honnête blanchisseuse, Madeleine Tripot. Des relations utiles s'établirent bientôt entre eux. Boyer tenait les écritures de sa voisine, acquérant ainsi le droit de se chauffer à son fourneau. Mais, tant de travail et de misère altérèrent enfin sa santé ; il fut atteint d'une fièvre putride des plus graves, et ses petites économies rapidement épuisées, le médecin ne vit de salut pour lui qu'à l'hôpital. La blanchisseuse l'avait pris en affection, elle déclara qu'elle le veillerait la nuit, que sa fille en prendrait soin le jour, et grâce à leur dévouement, Boyer revint à la santé. Il n'en perdit pas le souvenir. En 1781, il obtint une médaille d'or de l'École pratique ; en 1782, il gagna au concours une place d'élève à l'hôpital de la Charité ; un autre concours lui donna la place de gagnant-maîtrise, qui lui assurait après six ans le titre de maître en chirurgie.

Il avail alors atteint sa trentième année. Sûr alors de son avenir, il alla frapper à la porte de sa vieille amie la blanchisseuse et lui demanda la main de sa fille. La mère eut beau représenter la différence des conditions, Boyer insista et finit par l'emporter. Lui-même, au reste, comprenait ce qui manquait à son éducation première ; avec sa volonté opiniâtre, il se mit à apprendre le latin, et il le sut bientôt assez, pour faire de Sénèque sa lecture favorite.

Malgaigne nous montre ensuite Boyer devenant successivement, à la faveur des événements politiques, en 1793 chirurgien de l'hôpital de la Charité, en l'an III, professeur de médecine opératoire et chirurgien en second de l'Hôtel-Dieu. Boyer toutefois refusa de quitter tout à fait l'hôpital de la Charité, où il continua à faire ses cours d'anatomie et de clinique.

Il entreprit un cours de pathologie externe. Malgaigne nous donne sur les rapports du maître et des élèves, des détails qui nous semblent singuliers en France, bien qu'ils aient été admis ailleurs. Le nouveau cours était payant ; ainsi que la plupart de ceux qui ont commencé par la misère, Boyer n'aurait perdu volontiers aucune source de profit. C'était une chose étrange et tout à fait en dehors de nos habitudes actuelles, de voir le professeur de clinique, en terminant sa leçon obligée, congédier son auditoire gratuit, et, après quelques instants de repos, rouvrir son amphithéâtre à l'auditoire plus restreint qui lui versait tous les mois la rétribution exigée.

Les contemporains l'ont souvent peint, le premier de chaque mois, debout devant la table, les mains dans son tablier, attendant pour commencer la leçon que la recette fut complète ; ne faisant point d'appel, mais poursuivant d'un regard accusateur et même de paroles peu obligeantes ses débiteurs. On ajoute cependant qu'il savait faire exception pour les élèves trop pauvres ; il s'attachait à ne les point voir, et, si quelque officieux importun les lui faisait remarquer « Ah ! disait-il, fermant les yeux, j'en faisais autant, quand j'étais jeune. »

Il fut le premier chirurgien de Napoléon, baron de l'Empire avec une dotation de 25.000 francs.

Il fit paraître en 1814 son *Traité des maladies chirurgicales* qui obtint le plus grand succès.

A la nouvelle de l'abdication de l'Empereur, il dit à un de ses amis : « Je perds aujourd'hui ma dotation et ma place de premier chirurgien, j'ai 5 chevaux, j'en vendrai trois, je garderai la voiture qui ne me coûte rien, je lirai ce soir un chapitre de Sénèque et je n'y penserai plus. »

En 1820, il devint membre de la nouvelle Académie de médecine ; en 1823 chirurgien consultant de Louis XVIII et il continua à l'être de Charles X et de Louis-Philippe.

En 1825, il fut élu membre de l'Institut. En 1832 il perdit sa femme à laquelle il portait une affection profonde. Dès lors, sombre, mélancolique, il sembla se détacher de la vie; il déserta sa maison de campagne de Vincennes, ne sortant plus guère que pour aller au cimetière de l'Est visiter la tombe de cette épouse regrettée. Il mourut le 25 novembre 1833 à l'âge de soixante-seize ans.

Malgaigne a tracé de Boyer le vivant portrait qu'on va lire :

« Boyer était gai, expressif, allant volontiers jusqu'à la grosse gaîté gauloise, même dans les circonstances où un peu plus de gravité n'eut pas été malséante. Aussi, dans les examens où il était juge, l'interrogatoire dégénérait fréquemment en causerie familière, en petits racontages où il donnait carrière à sa joyeuse humeur, parlant de tout et de tous, faisant même parade quelquefois, sans souci du lieu ou de l'heure, de la médiocre confiance qu'il avait en la médecine. Du reste, simple, modeste, fuyant le monde, aimant à vivre dans son intérieur. Jusqu'à ce qu'il eut été nommé premier chirurgien de l'Empereur il avait conservé son logement à l'hôpital de la Charité ; institué baron de l'Empire, jamais il n'en prit le titre, si ce n'est en tête de ses œuvres, et qui l'aurait vu à sa leçon de clinique, avec sa redingote de nuance passée, sa cravate de couleur roulée autour du cou, les mains derrière le dos, la tête dans les épaules, courbé en avant, faisant de lit en lit sa paisible promenade, n'eut pas deviné assurément le chirurgien dont le nom alors remplissait l'Europe. On sait que Talma avait étudié la médecine avant de s'adonner au théâtre, Boyer et lui avaient été élèves à la Charité ; pendant vingt ans, Boyer fit le projet d'aller voir jouer son ancien camarade au Théâtre-Français, mais, le soir arrivé, sa pipe allumée et devant lui sa bouteille de bière, le dérangement eût été trop pénible. Son projet ne fut jamais réalisé. »

Il était peu favorable aux découvertes même à celles que faisait Roux, son gendre, jeune chirurgien plein d'ardeur, aussi oseur qu'il était timide, et les autres trouvaient encore moins grâce devant ses yeux. Il était attaché aux anciennes idées de sa jeunesse, et le progrès trouvait souvent en lui un adversaire. « La chirurgie de ce siècle, écrit Malgaigne, et en particulier l'Académie de Chirurgie, avaient subi l'impulsion de la philosophie alors régnante, et, sur les traces de Descartes, cherchaient l'évidence autant par le raisonnement que par les faits. On en était venu à ce point *d'établir des principes supérieurs aux faits et de juger les faits d'après ces principes.*

Boyer était fort imbu de cette doctrine et il en donna un curieux exemple à l'Académie des Sciences en 1827. Un chirurgien de Limoges avait adressé deux cas de luxations de vertèbres cervicales réduites avec succès. Boyer chargé du rapport, déclara que ces observations n'étaient pas dignes d'arrêter l'attention de l'Académie. Ampère fit remarquer qu'il convenait d'abord de constater si les faits étaient vrais ; Boyer répondit qu'ils étaient contraires aux plus simples principes de l'art. Ampère insistant sur la nécessité de vérifier, Boyer se retrancha sur cette raison péremptoire qu'ils étaient absurdes. Finalement l'Académie vaincue sanctionna les conclusions du rapport. Il existait alors des faits analogues à ceux qu'il niait, nombre d'autres ont été observés depuis.

Malgaigne indique que, dans ses livres, Boyer admet difficilement que les maîtres se trompent. Il en rapporte un curieux exemple. A. Paré avait avancé que les fractures sont plus communes en hiver, attendu que les *os sont comme les chandelles* qui sont plus molles et par conséquent moins cassantes en été. Le fait était douteux, l'explication ridicule. Boyer maintint le fait en l'étayant de cette explication nouvelle *qu'en hiver les corps sur lesquels on tombe* (le pavé) *sont plus durs.*

DUPUYTREN

Après avoir étudié Cooper, le premier des chirurgiens anglais, Malgaigne, dans la *Nouvelle Biographie universelle de Didot*, retraça la vie de celui que ses contemporains regardent comme le roi de la chirurgie française d'alors : Dupuytren.

Dans cette Notice, Malgaigne, par une réaction naturelle contre des panégyriques excessifs, n'est pas resté dans la mesure équitable que commandaient les talents et les services de son sujet. Sa critique est mordante et dure ; elle rabaisse trop les qualités réelles de Dupuytren, elle exagère à l'excès ses défauts, elle n'admet aucun de ces tempéraments que la justice impose aux jugements absolus et passionnés des hommes. Nous nous permettrons donc de faire quelques réserves sur cet écrit si intéressant d'ailleurs à d'autres titres et de rétablir à l'occasion ce qui nous semble être la vérité.

Guillaume Dupuytren est né le 6 octobre 1777 à Pierre-Buffière, petite ville du Limousin, il est mort à Paris, le 8 février 1835. Ses parents n'avaient aucune fortune.

Dès l'âge de quatre ans, la gentillesse de l'enfant avait frappé une dame de Paris qui aurait voulu le prendre avec elle et pourvoir à ses besoins. Plus tard, un officier de cavalerie nommé Kuffer passa avec son régiment à Pierre-Buffière, il remarqua la vigueur, la beauté, la physionomie intelligente de l'enfant, il causa avec lui, s'intéressa à son avenir, et demanda à ses parents de le lui confier. Après l'avoir obtenu, il emmena Guillaume Dupuytren avec lui à Paris ; il avait au collège de Magnac un frère qui en était le principal ; il y fit recevoir comme boursier son jeune compagnon. L'élève n'eut pas, dans ses classes, les brillants succès qu'on pouvait attendre de lui, il était très intelligent mais peu appliqué ; son caractère était léger, il se pliait difficilement aux habitudes scolaires et à la discipline.

Ses études furent interrompues par la Révolution qui ordonna la fermeture du collège où il était instruit.

En 1793, le jeune homme voulut se faire soldat ; sa famille, auprès de laquelle il était retourné s'y opposa, elle désirait qu'il devînt médecin.

Il revint à Paris, il retrouva sa chambre d'écolier où l'hospitalité lui fut donnée. Il y vécut alors dans la pauvreté, en suivant les leçons d'anatomie de Boyer à la Charité et les cours de chimie de Vauquelin.

En février 1795, âgé de dix-huit ans, il fut nommé prosecteur des Ecoles de santé, il eut le quatrième rang sur six concurrents ; il était logé à l'ancien cloître des Cordeliers ; il recevait un traitement de 2 000 francs, mais, comme les appointements étaient soldés en assignats, ils furent bientôt insuffisants. Il fut ensuite payé sur le pied de 3000 francs et, à la fin, de 9 000 francs, mais en cette valeur dépréciée. Dans l'état le plus misérable, il manqua alors quelquefois de bois, de pain, de chandelle. Il sollicita en vain de sa mère un secours de 10 écus. Cependant il restait fier dans sa détresse : « Pendant six semaines, écrit Malgaigne, Dupuytren vécut de pain et de fromage, et l'on raconte qu'un jour Henri de Saint-Simon, le futur Réformateur, l'ayant surpris dans sa mansarde travaillant au lit faute de bois, et ayant laissé en se retirant, un rouleau de 200 francs sur le poêle vide, Dupuytren s'habilla en hâte pour courir après son visiteur et lui dire : « Voici ce que vous avez oublié chez moi. »

En l'an V, Dupuytren fut attaché au service de Boyer, il y pansa les blessés de la journée du 13 vendémiaire.

La conscription le réclama, mais il était déjà si apprécié que l'Ecole de médecine, par une délibération spéciale du 29 ventôse an VII réclama une exemption en sa faveur et l'obtint.

Deux ans après, il fut nommé à la chaire d'anatomie. Il était alors éclipsé par la supériorité éclatante de Bichat. Malgaigne rapporte un mot odieux qu'il aurait prononcé à la mort de cet illustre savant : « Enfin, je respire ! » L'authenticité d'un pareil propos ne nous paraît pas suffisamment établie.

En 1802, il fut nommé, au concours, chirurgien de deuxième classe à l'Hôtel-Dieu après une lutte vive contre Roux dont nous parlerons plus loin.

Il professa, en l'an XI, l'anatomie physiologique, et l'année suivante, il institua un cours d'anatomie pathologique.

Dans un débat scientifique à l'occasion de ses travaux et de ceux de Bichat, il eut pour adversaire Laënnec qui ne voulut pas laisser diminuer l'œuvre de ce dernier ; de là naquit entre lui et Laënnec une antipathie qui ne cessa jamais.

En 1808, Dupuytren devint chirurgien adjoint de l'Hôtel-Dieu ; il suppléait de droit le chirurgien en chef Pelletan, qui, paresseux de sa nature, se déchargeait sur lui d'une partie du service.

Malgaigne a retracé, avec une verve un peu trop satirique, la lutte sourde qui s'établit entre les deux chirurgiens. « Pelletan, chirurgien de la vieille école, très léger d'ailleurs et très superficiel, se trouvait fréquemment en contradiction avec Dupuytren, et quand il avait, par hasard, surpris son adjoint en faute, prodigue de paroles inutiles et dangereuses, il triomphait « de ces jeunes gens pleins d'une confiance démesurée en eux-mêmes dont l'orgueil dédaignait la vieille expérience de leurs maîtres » ou bien il s'emportait contre leur présomption et leur indocilité, ou encore, il s'apitoyait sur les victimes de la sotte et cruelle vanité qui les poussait à vouloir faire du nouveau. Bonhomme, au demeurant, sans méchanceté et sans fiel, et se figurant qu'il venait de donner une leçon de bienveillance.

« Mais ce n'était pas ainsi que l'entendait l'autre. Sobre de récriminations, il s'attacha à apporter dans le service autant de zèle et d'exactitude que Pelletan y mettait de négligence. Pelletan voulait être consulté pour chaque opération, il le fut et bien plus souvent qu'il ne l'aurait désiré. En effet, lorsqu'il s'offrait une affection difficile à reconnaître, après l'avoir étudiée scrupuleusement pendant plusieurs jours, Dupuytren conviait Pelletan à *l'éclairer de ses lumières*, et quand celui-ci, ce qui ne manquait guère, avait porté au hasard, quelque diagnostic aventureux, l'adjoint, affectant un air de déférence, en présence de tous les élèves, exposait les difficultés du cas, discutait l'avis de son chef, montrait qu'il s'était trompé, comment il avait dû se tromper, et reprenant un à un, tous les éléments du vrai diagnostic, il le faisait éclater avec une irrésistible évidence. D'autres fois, lorsque Pelletan, mal inspiré, concluait à une opération inopportune, Dupuytren lui tendait froidement le bistouri et l'invitait à opérer lui-même. Bientôt les choses allèrent plus loin, Pelletan, usant de son droit pour assister aux opérations de son subordonné, Dupuytren usa du sien pour suivre la visite de son chef. Souvent alors se répétait une scène curieuse : Pelletan, après avoir donné son avis, se tournait du côté de Dupuytren qui, froid et impassible, n'approuvait ni ne désapprouvait, devant tous les élèves, dont les yeux cherchaient les siens, se composait une figure impénétrable. Pelletan ne tarda pas à reconnaître ce que signifiait cet implacable silence et bientôt il arriva à douter de lui-même, n'osant plus ni parler, ni agir. »

En 1810, Dupuytren se fit un ennemi de Boyer dont il refusa d'épouser la fille, en rompant, le jour du contrat. Malgaigne reconnaît que ce ne fut pas l'exiguité de la dot (50 000 francs donnés par

Boyer) qui éloigna Dupuytren, mais sa conviction que Mlle Boyer n'acceptait l'union projetée que par obéissance et qu'il eut la générosité de provoquer lui-même la rupture du projet matrimonial.

La même année Dupuytren épousa Mlle de Saint-Olive qui lui apporta en dot 80 000 francs, *mais sous la condition du régime dotal*, ajoute Malgaigne.

En 1811, Dupuytren fut nommé professeur de médecine opératoire.

Le 30 mars 1814, au combat qui eut lieu sous Paris, Dupuytren se porta dès 8 heures du matin avec l'élite des élèves de l'Hôtel-Dieu, au centre des lignes françaises et il demeura toute la journée sous le feu de l'ennemi.

Le 9 septembre de la même année, il devint chirurgien en chef de l'Hôtel-Dieu: « Le service chirurgical, écrit Malgaigne, comprenait parfois jusqu'à 300 malades. C'était un travail d'Hercule qui allait peser sur lui seul. Il s'y dévoua sans réserve. Tous les jours levé régulièrement à 5 heures, il accomplissait ses visites de 6 à 9 heures, faisait une leçon d'une heure à l'amphithéâtre, donnait ensuite des consultations aux malades du dehors, et quittait rarement l'hôpital avant 11 heures. Enfin, le soir, il faisait une seconde visite de 5 à 6 heures, et jusqu'en 1825, à peine y manqua-t-il un seul jour, hormis les cas où la maladie le retenait lui-même. »

En 1815, Dupuytren lié avec Wylie, médecin de l'empereur Alexandre, fut décoré de l'ordre de Saint-

Wladimir par ce prince et du cordon de Saint-Michel par Louis XVIII. Il s'était rallié à la Royauté nouvelle.

Lorsque le duc de Berry fut assassiné, il fut appelé l'un des premiers auprès du prince. Cette circonstance, dit Malgaigne, servit plus à son ambition qu'à sa renommée, peut-être même celle-ci en reçut-elle quelque échec. Le couteau de Louvel, entré au-dessous du sein droit, avait pénétré jusqu'à l'oreillette droite, et une hémorragie interne déterminait des accidents de suffocation. Déjà Bougon avait sucé la plaie à différentes reprises, lorsque Dupuytren arriva, proposa d'élargir la plaie extérieure pour donner au sang une libre issue, et procéda lui-même à cette malencontreuse opération. Aussi, les censures ne lui furent-elles pas épargnées. Malgaigne rappelle une critique amère de Richerand, dans une discussion à l'Académie, sur la torture inutilement infligée au prince.

Dupuytren supporta le tout sans répondre, mais non sans souffrir cruellement. Ce n'était pas seulement sa réputation qui était en jeu ; tout ce récit avait des échos aux Tuileries. En 1820, Louis XVIII l'avait bien nommé baron, mais il n'avait pas voulu l'attacher à sa personne. Il fut trois ans après nommé chirurgien-consultant.

M. Ernest Daudet, dans un ouvrage récent sur Louis XVIII et le duc Decazes, a retracé fidèlement le tableau de cette soirée terrible. « Le docteur

Dupuytren, assisté de ses confrères, suivait l'effet des premiers remèdes. Après avoir fait pratiquer plusieurs saignées, il venait d'ordonner l'application de plusieurs sangsues, espérant ainsi éviter un épanchement qui eût amené la mort. Il aidait lui-même à l'exécution de son ordonnance. Decazes ne songea qu'à interroger Dupuytren ; quoique l'illustre médecin ne désespérât pas de sauver le duc de Berry, ses réponses témoignaient d'un tel trouble que Decazes déclara qu'on devait recourir aux lumières du baron Dubois. Il alla chercher ce docteur aux Tuileries, le ramena à l'Opéra, mais ce dernier ne lui laissa aucune espérance. Après avoir écouté Dupuytren, il fut d'avis d'arrêter l'application des sangsues. « Monseigneur n'a perdu que trop de sang, fit-il remarquer, je voudrais lui en rendre... Dupuytren le questionna, que faut-il faire? — Rien. — Vous n'êtes donc pas d'avis de continuer les sangsues? — Non, répliqua Dubois avec impatience, je croyais vous l'avoir déjà dit. L'état de Monseigneur est désespéré, le cœur est touché ; les remèdes ne feront que hâter sa fin. » Après cette déclaration, véritable arrêt de mort, prononcé par le praticien dont les paroles faisaient le plus autorité, l'état du prince s'aggrava rapidement; il ne tarda pas à succomber. »

La médecine moderne, en présence de faits semblables, reconnaîtrait sans doute que la succion opérée sur la blessure était indiquée par la crainte alors formulée de l'empoisonnement de l'arme du meurtrier ; qu'il n'y avait pas lieu de débrider la plaie, de l'ouvrir, puisqu'il n'y avait aucun corps à en retirer ; que le seul remède à tenter était peut-être de fermer la blessure, et d'appliquer des réfrigérants. Elle admettrait d'un autre côté que, si le cœur était touché, tous les soins étaient presque inutiles, mais que Dupuytren, placé en face d'une responsabilité effrayante, pouvait tenter même une opération plus tard jugée inefficace sans être taxé d'une impéritie coupable.

A la mort de Louis XVIII, Dupuytren fut nommé premier chirurgien de Charles X, il fut ensuite élu membre de l'Institut malgré l'opposition de Geoffroy Saint-Hilaire qui voulait *écarter de cette compagnie les chirurgiens suspects d'oublier trop facilement la science pour la pratique.*

Lors de la Révolution de 1830, Dupuytren, noblement fidèle au souverain qu'il avait servi, écrivit à Charles X ce billet resté célèbre :

« Sire, grâce en partie à vos bienfaits je possède trois millions, je vous en offre un, je destine le second à ma fille et je réserve l'autre pour mes derniers jours. »

Les envieux de Dupuytren répandirent le bruit qu'il fut d'autant plus sensible à la chute de Charles X qu'il s'attendait à devenir à bref délai Pair de France, comme Cuvier. Déçu dans cette espérance, il brigua alors la députation à Saint-

Yrieix, ville de son département d'origine. Il comptait que sa renommée lui rendrait ses compatriotes favorables. Sa candidature échoua devant celle d'un médecin de campagne ; il ne recueillit, paraît-il, que dix-neuf voix sur quelques centaines d'électeurs du suffrage restreint. Cet échec le désenchanta entièrement de la vie politique.

Nous possédons dans notre collection d'autographes, des lettres fort intéressantes qu'il adressa à une de ses compatriotes, Mme Marbouty, dont le mari avait lutté pour lui dans cette campagne malheureuse. Nous en donnons deux extraits ;

« Me voilà donc rendu aux soins qui ont rempli ma vie ! Ils n'ont pas l'éclat de ceux que j'ai un moment ambitionnés, mais ils n'ont pas été, ils ne seront peut-être pas encore sans utilité. L'espérance de trouver une tribune d'où je puisse faire entendre ma voix au pays et d'où je puisse faire connaître ce que mon cœur renferme d'amour et de dévouement pour lui, m'avait, je l'avouerai, séduit pendant quelques jours. J'avais oublié que cette tribune, où mes vœux tendaient, est bien voisine de la Roche Tarpéienne ; j'avais oublié qu'il vaut mieux être le premier dans un village que le second dans Rome.

Maintenant que je suis bien désabusé des grandeurs et des vanités de ce monde, je rends grâce à mes compatriotes de la leçon qu'ils m'ont donnée et je vais terminer, dans les douceurs du travail, une carrière que j'ai été prêt à leur sacrifier. »

Le 11 décembre 1831, il écrivait encore sur ce même sujet :

« Je pouvais échouer ou réussir dans cette affaire (Candidature à la députation) : telle est l'observation nécessaire à laquelle, à moins d'avoir un amour-propre démesuré, on doit être préparé toutes les fois qu'on sollicite les suffrages du public ; mais je ne pouvais pas, je ne devais pas m'attendre à être *aussi grossièrement injurié que je l'ai été dans mon pays natal*, dans ce pays aux intérêts duquel j'étais prêt à sacrifier mes intérêts particuliers. Ces choses là ne peuvent se voir qu'en Limousin ; elles seraient, partout ailleurs, l'objet d'une réprobation publique. Au demeurant, elles ne m'ont pas surpris ; elles sont une conséquence de l'esprit qui domine ce pays, de cet esprit dont nous nous sommes si souvent entretenus à une époque dont le souvenir me sera toujours cher, de cet esprit qui est tellement inhérent aux mœurs des habitants, qu'il perce jusque dans les habitudes et dans la conversation des personnes les mieux élevées, et qui ont, sur tout le reste, les sentiments les plus délicats et les plus nobles.

« Voilà donc, détruits à jamais, les liens qui m'unissaient à mon pays, à ce pays que j'aimais, encore qu'il ne m'eût jamais donné la plus légère marque d'intérêt ; cette idée m'afflige profondément, je sens que je méritais mieux et que j'avais les moyens de lui rendre en zèle et en dévouement ce qu'il m'aurait accordé en confiance.

« Mon pays doit être désormais celui qui a accueilli et qui a protégé mon enfance, qui a plus tard applaudi à mes premiers succès, et qui enfin a fait ma réputation et ma fortune. Je n'en dois pas connaître, et n'en connaîtrai pas d'autre à l'avenir. Toutefois, celui qui m'a répudié d'une façon si indigne, aura toujours droit à mes respects ; je le verrai toujours avec plaisir marcher dans les voies de la prospérité et j'applaudirai toujours avec transport à tous les hommes qu'on y distingue par quelque mérite, par quelque succès ou par quelque vertu. »

Les déceptions politiques, les attaques haineuses dont Dupuytren avait été l'objet, les malheurs d'une union mal assortie, et son propre tempérament passionné, vindicatif, ombrageux, lui causèrent même au milieu de l'éclat le plus grand de sa carrière, d'incessants chagrins.

Jusqu'en 1833, sa santé avait été bonne, mais à cette époque, un crime ayant été commis dans la maison de sa femme dont il était séparé, il prévit que les circonstances de cette affaire, allaient révéler ses peines domestiques et renouveler encore les violences envenimées de ses ennemis.

La *Gazette des tribunaux* de 1833 nous a fourni, sur cet événement, l'indication suivante :

Le 13 juillet 1833, la veuve Idate, domestique chez Mme Dupuytren, fut assassinée pendant l'absence de sa maîtresse. Les auteurs de ce crime furent un sieur Giliard, ancien domestique de cette dame et un autre individu nommé Lemaire. Mme Dupuytren et son père M. de Sainte-Olive furent appelés à déposer comme témoins. Le public connut alors dans son entier, la situation du célèbre chirurgien et ses infortunes conjugales. Dupuytren ressentit de cet événement une impression très pénible, qui, jointe à d'autres causes, altéra profondément sa santé, sans que rien apparut encore du mal qui le minait.

« La défiance et l'amertume rongeaient son cœur, écrit M. de Loménie : dans sa misanthropie, il ne voyait partout qu'ennemis acharnés à lui nuire. Il se croyait espionné et poursuivi par eux jusque dans sa maison, la moindre critique d'un écolier lui semblait le résultat d'une vaste machination, et cette persuasion fatale, en le rendant très souvent morose, brusque, emporté et injuste, avait pour conséquence naturelle de faire naître une partie des inimitiés qu'il supposait. Aussi Dupuytren avait-il peu d'amis et s'était-il à la longue fait beaucoup d'ennemis. »

En novembre 1833, il fut frappé d'une première attaque d'apoplexie, il se décida à prendre quelque repos. Il alla en Italie ; son voyage ne fut qu'un long triomphe pour lui. Il se montrait toutefois impatient de revenir. Qui vous presse, lui disait-on ? — Je songe à l'Hôtel-Dieu. — Vous l'avez laissé en bonnes mains. — Sans doute, mais mon devoir ! »

Rentré en France, il reprit ses leçons et ses travaux. Mais en 1835, il fut atteint d'une pleurésie; il refusa la ponction qu'on lui proposait. « Que ferais-je de la vie, dit-il, la coupe a été si amère pour moi ! » Il se regarda donc mourir, conservant la plénitude de son intelligence jusqu'au dernier moment, suivant pas à pas le travail de dissolution qui s'opérait en lui, discutant d'avance la nature et le siège de lésions que ferait découvrir l'autopsie de son corps qu'il ordonnait. La veille même de sa mort, il se fit lire son journal, « voulant, disait-il, porter là-haut des nouvelles de ce monde ». Il expira le 8 février 1835, à l'âge de cinquante-sept ans.

Il avait une fille unique qu'il avait mariée à M. de Beaumont. Il écrivait à une dame de ses amies à l'occasion de ce mariage :

« Oui, mon Adeline est mariée ! et je m'applaudis chaque jour davantage du choix que j'ai fait. Ce choix ne me laisse aucun regret des demandes que je n'ai pas agréées, tant je suis convaincu que j'ai fait ce qu'il y avait de mieux à faire. J'aurais pu trouver, sans doute, des noms plus brillants et plus éclatants, mais je n'en aurais pas trouvé de plus pur et de plus honorable que celui de Beaumont. J'avais d'ailleurs été si dégoûté, si indigné de la bassesse, de la cupidité et des vices odieux de certains princes, ducs, marquis, etc., que j'ai été heureux de pouvoir fixer mon choix sur un jeune homme d'un rang honorable aussi, mais qui a toutes les qualités qui distinguent les hommes d'une classe moyenne...

« J'ai essuyé bien des fatigues, j'ai rencontré bien des obstacles à vaincre, j'ai subi bien des peines et des chagrins, mais j'avoue que j'ai trouvé enfin un bonheur qui l'emporte sur eux et les efface de mon cœur. Aussi, est-ce avec une satisfaction difficile à rendre que je songe à tout ce que j'ai fait et à tout ce que je puis faire encore pour le bonheur de mes enfants et pour celui des enfants qui, je l'espère, naîtront d'eux. M. de Beaumont est pair de France. Vous savez mon opinion sur ce titre et sur sa transmissibilité, M. de Beaumont partage cette opinion, mais quoiqu'il arrive, qu'il doive en jouir, ou qu'il en soit privé par l'effet de quelque Révolution nouvelle, il est disposé à le justifier et à le mériter en servant loyalement et fidèlement son pays. »

Dupuytren laissait à sa fille une fortune dont la moitié était due à des placements avantageux, et qui fut évaluée suivant les uns à sept millions, suivant les autres à quatre. Il légua à la Faculté de médecine 200 000 francs pour la création d'une chaire d'anatomie pathologique et 50 000 francs à sa ville natale, Pierre-Buffière, pour l'érection d'une fontaine.

La Faculté de médecine employa le montant de cette libéralité généreuse à la création d'une chaire d'anatomie pathologique et à la fondation d'un musée spécial. Une statue de Dupuytren, due au ciseau de Crauk lui a été élevée dans son pays d'origine en 1869.

Malgaigne a tracé de lui le portrait suivant :

« Il était d'une taille au-dessus de la moyenne ; il avait la figure grave et imposante, le front vaste, élevé, fortement bombé, les yeux noirs et pénétrants, le nez aquilin, les lèvres bien découpées, en parfaite harmonie avec le regard, soit pour exprimer le dédain le plus écrasant, soit pour animer la figure du plus séduisant sourire. Il souriait rarement. Il était naturellement froid, sombre, concentré en lui-même. Par exemple, dans sa visite du matin, silencieux et lent, il n'adressait la parole aux élèves qu'à l'occasion de leur service, ne souffrait pas les questions, et au besoin fermait la bouche aux interrogateurs indiscrets. Fier et hautain, il aimait qu'on pliât devant lui, même jusqu'à terre, et cependant par un contraste étrange, *il réservait son estime aux caractères indépendants*, alors même qu'il les écartait de son entourage.

« Pour réaliser les idées de suprématie qu'il nourrissait dès sa jeunesse, il sacrifia son repos, sa santé, quelquefois jusqu'à son orgueil. En 1824, lorsqu'il touchait enfin à la place enviée de premier chirurgien du Roi, voulant s'assurer les bonnes grâces du premier médecin à qui appartenait la présentation, il inséra dans le *Moniteur* un pompeux éloge d'une triste production échappée à la vieillesse de Portal, en signant en toutes lettres *Baron Dupuytren*.

« On dit même qu'après la place conquise, pour maintenir sa position dans une cour dévote, il se trouva pris d'une dévotion subite, et qu'un jour il fallut lui rapporter son livre de messe oublié aux Tuileries. »

Malgaigne ajoute, ce qui nous semble fort exagéré, que l'égoïsme de Dupuytren était féroce et sa susceptibilité jalouse de tout ce qui pouvait toucher à sa renommée, de toute supériorité naissante, et que ses élèves les plus distingués étaient ceux dont il prenait le plus d'ombrage.

Malgaigne nous rapporte quelques détails sur la haine que portaient à Dupuytren plusieurs de ses confrères. Richerand l'appelait *un Tartuffe et un charlatan dangereux*, Percy *le premier des chirurgiens et le dernier des hommes*, Lisfranc le traitait de *Brigand de l'Hôtel-Dieu.*

Les ennemis de Dupuytren pouvaient d'ailleurs se flatter qu'à tort ou à raison leur victime ne demeurait pas insensible aux traits de leur haine acharnée contre lui. La préoccupation de ses adversaires le suivait sans cesse. S'il faut en croire le récit de Malgaigne, il était jaloux même du patrimoine de ses collègues, il serait revenu consterné de Londres parce qu'il avait appris là que Cooper possédait 12 millions.

« La fortune de Dupuytren, écrit Malgaigne, lui servait peu pour lui-même. Il était sobre et ménager; il affectait une même simplicité outrée. Aussi, tous les jours, on le voyait sortir de Hôtel-Dieu avec un habit vert râpé, un mauvais chapeau, ses chaussettes tombant sur ses talons, quelquefois en sabots, emportant sous son bras le petit pain de deux sous que l'Hôtel-Dieu délivrait de temps immémorial au chirurgien en chef. Mais, à la Cour, quand il sentait les regards du grand monde tournés sur lui, il tenait son rang avec dignité et même au besoin avec magnificence. Il aimait à frayer avec la noblesse. Quelquefois, à sa maison de campagne de Courbevoie, il donnait des dîners splendides à des convives choisis dans l'aristocratie, appelant chacun par son titre. »

Malgaigne relève des fautes que Dupuytren a commises dans l'exercice de son art ; nous ne nous arrêterons pas à ce point de vue spécial. Il reconnaît qu'il excellait dans le diagnostic. Il ajoute : « A la fin de sa carrière, Dupuytren portait sur lui-même ce jugement « je me suis trompé, mais je me suis moins trompé que les autres ». Cette fois l'éloge ne dépassait pas la vérité.

Malgaigne déclare que Dupuytren ne brillait pas dans les opérations. Ses doigts, un peu gros et courts, en partie dégarnis de leurs ongles, qu'il avait l'habitude de ronger, n'étaient pas propres aux opérations délicates.

Peu de chirurgiens demeurent impassibles en face d'une opération périlleuse ou d'un revers inattendu ; Dupuytren confessait qu'il n'avait jamais pu dompter ses émotions. Mais s'il n'était pas maître du dedans, il savait dominer les dehors, du moins tant qu'on le regardait, car un jour, seul avec Cruveilhier, il ne put retenir ce cri d'alarme : « Oh! ce chien de métier ! »

Où il triomphait, c'était dans ses leçons de clinique devant quatre ou cinq cents élèves. Son discours, clair et précis, semblait dicté par une logique supérieure où il ne mettait en relief que les points importants. Il demeura fidèle aux principes de Bacon : « Peu lire, beaucoup voir et beaucoup faire. »

Malgaigne conclut en disant que l'auréole de Dupuytren a pâli, que la nouvelle génération chirurgicale de son temps qui ne le juge que sur ses œuvres, pesant le peu qui reste de lui, incertaine de la légitimité de ses découvertes, plus inquiète encore de la sincérité des résultats, lui refusait le rang élevé que lui avaient trop complaisamment décerné ses anciens admirateurs. Cette réaction, ajoute-t-il, ne doit pas aller trop loin, mais elle est juste et d'un salutaire exemple : il ne faut pas prétendre à la gloire quand on n'a accès qu'à la célébrité.

Même réduite à ces termes, l'opinion de Malgaigne nous semble trop rigoureuse et le souvenir qui s'attache à Dupuytren, homme supérieur à certains égards est celui d'un grand nom.

Si intéressant que soit l'article que Malgaigne a consacré à Dupuytren, dans la *Nouvelle Biographie de Didot*, il trouvera un complément plus curieux encore dans le récit d'un entretien que Malgaigne eut avec Lisfranc le 30 octobre 1839, dont il a écrit lui-même les détails :

On connaît la vie de Jacques Lisfranc. Il était né à Saint-Paul (Loire), le 2 avril 1790, il étudia la chirurgie à Paris sous Dupuytren ; il fut reçu docteur en 1813, il fit la campagne de Saxe cette année-là, il fut licencié par le ministre en 1814, il enseigna à Paris la chirurgie et surtout la médecine opératoire. Il eut alors encore pour maître et pour protecteur Dupuytren. En 1818, il devint chirurgien du bureau central, en 1825, il succéda à Béclard à l'hôpital de la Pitié ; en 1824, il avait été nommé professeur agrégé à la Faculté de médecine ; il fut élu président de l'Académie de médecine en 1835. Son enseignement clinique est resté célèbre. D'une haute stature, avec des traits énergiques, une voix retentissante, il donnait dans ses leçons libre carrière à ses colères et à ses hostilités ; elles se traduisaient par une éloquence violente, excessive, mais très populaire. Il était devenu l'ennemi acharné de Dupuytren qu'il accusait de l'avoir desservi traîtreusement dans une circonstance grave de sa carrière ; il l'injuriait, de la façon que nous avons déjà indiquée. Dupuytren, par représailles, mais seulement en petit comité, l'appelait le Brutus solliciteur, ajoutant que sous une enveloppe de sanglier on portait parfois un cœur de chien couchant. Lisfranc, par sa sagacité clinique, par son habileté opératoire, par ses travaux scientifiques, par ses succès comme orateur, arriva à la plus grande célébrité. Son nom est demeuré aussi connu que celui de Dupuytren, pour les gens du monde. Il mourut le 13 mai 1847, à l'âge de cinquante-sept ans. On voit son tombeau au cimetière du Mont-Parnasse à Paris. Une statue a été élevée à sa mémoire, le piédestal est entouré de bas-reliefs en bronze, l'un figurant la dernière campagne de Saxe à Leipsick en 1813, l'autre représentant les leçons de clinique chirurgicale à l'hôpital de la Pitié. Sur le revers du monument on lit ces belles paroles de Lisfranc : « *Si la chirurgie est brillante quand elle opère, elle l'est encore bien davantage lorsque sans faire couler le sang et sans mutilation elle obtient la guérison du malade.* »

Dans sa conversation avec Malgaigne, Lisfranc rapporte d'abord comment il fut nommé chirurgien en chef de l'hôpital de la Pitié, malgré Dupuytren qui voulait faire de la Pitié l'annexe de l'Hôtel-Dieu où il régnait. « J'avais des chances, dit-il, quand Dupuytren vint se mêler de mes affaires. J'avais fait mes travaux sur les amputations ; l'application des données mathématiques à la médecine opératoire avait séduit M. Fourier qui les avait fort vantées. Dupuytren se met en route avec un volume de sa médecine opératoire sous le bras; vous savez, ce volume où il a si bien défiguré mes procédés? Il va voir chacun des juges. « Mais comment, dit-il, peut-on nommer chirurgien en chef un jeune homme qui promet sans doute, mais qui n'a que de la théorie et nulle expérience? Il a fait quelques travaux; eh bien, voici comment j'ai été obligé de juger ses travaux; et m'adressant au public, vous comprenez que le soin même de ma renommée m'obligeait à une impartialité rigoureuse. » Il leur lit ses extraits, il les persuade; tout était perdu; le hasard vint à mon secours.

« M. de Barbé-Marbois avait promis sa voix en ma faveur à M. Fourier, secrétaire de l'Institut, ami de mon père, qui m'appuyait chaudement. Le matin même du jour où la décision allait être prise, il rencontra M. Fourier, lui reprocha amicalement de l'avoir sollicité pour un homme indigne et lui déclara qu'il retirait sa promesse. M. Fourier stupéfait vient me voir, me raconte la chose, et me demande si je peux parer le coup. J'avais, par grand bonheur, sous ma main un nombre suffisant de mes mémoires; j'avais de plus un numéro de la *Revue* où précisément j'avais réclamé contre la mauvaise foi et les altérations volontaires de Dupuytren; je lui montre le tout; il reprend courage, et nous courons chez M. de Barbé-Marbois. Le volume de Dupuytren était encore sur sa table. M. Fourier l'ouvre, met en rapport mon texte, souligné aux bons endroits, avec l'analyse infidèle de Dupuytren, fait entrer la conviction dans l'esprit de l'autre; celui-ci me promet de nouveau sa voix et de plus son appui. Il s'en alla en effet au Conseil, la mémoire encore toute fraîche de l'affaire; et grâce à lui, et à Dupuytren, sur 13 votants, je fus nommé à la majorité de 11 voix.

« Ah ! reprit-il avec un soupir, ces carrières poursuivies avec tant de persévérance, achetées à si haut prix ! on ne voudrait plus s'y engager peut-être si la vie était à recommencer.

« Et pourtant, ce Dupuytren qui m'a fait tant de mal, je vous le dis, et je ne suis pas suspect de partialité, il aimait le grand,il aimait le beau et le bon; il était enthousiaste de l'art; ce sont eux qui l'ont gâté ! Il a eu tant à souffrir aussi, tant à lutter qu'il ne croyait plus à rien; il méprisait tous les hommes; et quand il mettait une croix sur le nom d'un externe, quelquefois c'était avec une sourde joie, et comme une vengeance qu'il tirait de la race humaine !

« Croyez-vous que Dupuytren ait eu la marche plus facile que moi? Chirurgien en second de l'Hôtel-Dieu, réduit à rien, savez-vous les obstacles qu'il a eus à vaincre pour devenir chirurgien en chef? Il avait contre lui Dubois, Boyer et Pelletan à la fois : Dubois qui le craignait comme rival dans la pratique, et dont la haine ne lui a pas manqué un seul instant. Boyer, à cause de la petite, vous savez ? Boyer avait désiré Dupuytren pour gendre et Dupuytren avait rompu l'alliance à moitié contractée. Et à ce propos, on a beaucoup blâmé Dupuytren; je ne suis pas payé pour le défendre, et cependant, il avait agi loyalement et noblement. Il croyait s'être aperçu que Mlle Boyer ne l'aimait pas; or Dupuytren n'était pas de taille à épouser une femme malgré elle. Il demanda au beau-père d'avoir un tête-à-tête avec sa future; il l'obtint et dit à la demoiselle : « Dites-moi si vous m'aimerez et si ce mariage ne vous cause aucune répugnance ? » — Elle répondit froidement : « Je ferai, Monsieur, ce que mon père me commandera. » Il rompit; dites-moi, qu'auriez-vous fait à sa place ?

« Avec Pelletan même, il s'en faut de beaucoup qu'il ait mérité les reproches qu'on lui a faits. Pelletan était son chef, c'est fort bien ; mais Pelletan tout en ayant pour lui une certaine amitié, intriguait pour faire nommer chirurgien en chef en survivance, son fils Gabriel Pelletan, chirurgien dans la garde impériale, récemment revenu de Russie où il avait été prisonnier. Tout l'avenir de Dupuytren était perdu, si Pelletan eût réussi ; l'un faisait bien, dira-t-on, d'assurer l'avenir de son fils, mais l'autre avait-il donc tort de défendre le sien propre ? L'un des deux devait tuer l'autre; et Dupuytren devait-il se laisser tuer, lui qui se sentait le plus fort ?

« La lutte ainsi engagée, Dupuytren la soutint avec une habileté remarquable. Pelletan qui n'avait point de haine au cœur lui avait laissé la salle des femmes ;

Dupuytren apporta dans son service autant de zèle, autant de prudence et de vigilance que Pelletan en mettait peu dans le sien. Si un cas difficile se présentait, Dupuytren prenait l'avis de tout le monde, étudiait le malade sept à huit jours quelquefois, et enfin, sûr de son diagnostic, il invitait Pelletan à l'aider de ses conseils avec la déférence apparente d'un disciple pour le maître. Pelletan léger, superficiel, aimant à trancher, lançait au hasard son diagnostic. Dupuytren exposait le cas devant les élèves, comparait le diagnostic de Pelletan au sien propre, discutait avec la rare habileté que vous lui connaissiez; et Pelletan sortait toujours battu de cette redoutable épreuve. Je me souviens qu'un jour, il avait diagnostiqué un ganglion lymphatique enflammé là où Dupuytren avait reconnu une hernie crurale étranglée ; bien plus Dupuytren avait annoncé une crevasse de l'intestin dans le sac et insistait sur la nécessité d'opérer. Eh bien, dit Pelletan, opérez ; après tout vous avez la main légère, et la malade en sera quitte pour être débarrassée de son ganglion ! Dupuytren use à l'instant de la permission ; il ouvre le sac, trouve des matières fécales épanchées, en ramasse sur le manche de son bistouri qu'il présente gravement à Pelletan. Sans doute, dit celui-ci en essayant de sourire, vous aviez dit que vous trouveriez de la m. et le diagnostic est exact.

« Mais ces échecs réitérés ébranlaient l'autorité de Pelletan et doublaient celle de son jeune émule. Je ne vous raconterai point le fait trop connu du malade auquel Pelletan voulait désarticuler l'épaule et qui mourut presque sous le couteau. Mais écoutez comment Dupuytren faillit deux fois perdre toutes ses espérances. La Restauration s'était faite. Tous les appuis de Pelletan à la Cour de l'Empereur lui manquaient à la fois; il songea à s'en créer de nouveaux. Le voilà qui raconte qu'il a sauvé et précieusement conservé le cœur du dauphin, Louis XVII. Le cœur de Louis XVII! figurez-vous en 1814, comment un homme qui se présentait avec cette offrande devait être bien accueilli! Voilà Pelletan porté aux nues, voilà Gabriel Pelletan qui se croit sûr de sa survivance; point du tout! désastreuse péripétie! Dupuytren se rassure, cherche à prouver, prouve que le cœur du dauphin n'a point été conservé, que Pelletan en impose. La démonstration était-elle exacte? Je n'en sais rien; mais en pareil cas le doute est mortel, et Gabriel n'eut point la survivance.

« Dès lors, Pelletan devint inquiet. Il sentait toujours tourné vers lui l'œil sévère de Dupuytren; il n'opérait plus qu'avec défiance de soi-même; dans le danger, sa présence d'esprit l'abandonnait. Il arriva qu'un officier russe, assez rapproché de l'Empereur Alexandre par ses fonctions, fut apporté à l'Hôtel-Dieu pour un coup de fourche qu'il avait reçu depuis huit jours déjà dans le haut de la cuisse. Pelletan l'examine, trouve un foyer au-dessous de l'arcade crurale, et prompt à décider l'ouvre d'un large coup de bistouri. O terreur! un large flot de sang inonde et aveugle le chirurgien et ses aides, l'artère crurale en jetait à plein calibre; Pelletan effrayé hésitait; j'étais là heureusement; Dupuytren nous avait appris à comprimer partout les artères; j'applique les doigts sur l'iliaque primitive et l'hémorragie s'arrête. — Est-ce bien vous, me dit Pelletan? — Monsieur, lui dis-je, c'est vous qui m'avez donné à M. Dupuytren; mais je n'épouse point vos querelles et n'ai point oublié mon premier maître. Il se pencha vers moi et me dit à voix basse : « Vous m'avez sauvé, Monsieur. »

Cependant, le danger n'était que suspendu. Pelletan croyait avoir affaire à l'artère iliaque ; et nous n'étions point familiarisés alors en France avec la ligature des grandes artères. Il pratique au-dessus de l'arcade crurale deux incisions à la peau, fait entrer par l'une et ressortir par l'autre l'aiguille de Deschamps armée d'un fort lien, comprend dans la ligature la paroi abdominale, serre fortement et à double nœud, et d'un air victorieux : « Maintenant, Monsieur, me dit-il, suspendez la compression ! — Mais ! Monsieur... — Suspendez la compression, vous dis-je ! — Je la suspendis en effet ; mais un effroyable jet de sang apprit à Pelletan ce que j'avais voulu lui dire, que l'artère était restée en dehors du lien. Il avait perdu la tête ; il entassa dans la plaie charpie sur charpie, la poussant jusque dans l'abdomen ; le malade mourut quelques heures après. Wylie, l'Anglais, était médecin de l'Empereur Alexandre ; Dupuytren connaissait Wilie. Le fait éclata au dehors, une commission de chirurgiens russes fit faire une enquête à l'Hôtel-Dieu ; on lut tous les détails de l'opération et, à cette occasion, Wylie se prit pour moi d'une telle affection qu'il ne tint qu'à moi d'être chirurgien en chef de l'hôpital de Saint-Pétersbourg ; l'offre m'en fut faite d'une manière formelle. Quant à Pelletan, son sort était décidé. Un matin, comme il allait commencer sa visite, un avis du Conseil, qui n'est pas toujours poli, lui apprit qu'il n'était plus rien à l'Hôtel-Dieu. Ce matin même, Dupuytren arrivait ayant dépouillé la mine sévère qui lui était habituelle et élevant son chapeau en l'air : « Félicitez-moi, nous dit-il, cette place pour laquelle je travaille depuis vingt ans, il n'est au pouvoir de personne de me l'ôter, je suis chirurgien en chef de l'Hôtel-Dieu. »

« Il faillit bien la perdre pourtant ! et voici comment : Napoléon revint aux Cent Jours ; comme il recevait tout le monde et s'occupait de tout, lorsque ses chirurgiens, Boyer et Dubois en tête, se présentèrent à lui : « Eh bien, Messieurs, leur dit-il, qu'y-a-t-il de nouveau en chirurgie ? — Sire, dit Dubois, il y a quelque chose de bien déplorable, M. Dupuytren a réussi à chasser son maître de l'Hôtel-Dieu. L'empereur aimait Pelletan, il ne connaissait point Dupuytren, et celui-ci était probablement perdu sans la seconde Restauration qui le maintint irrévocablement à sa place.

« Ainsi Boyer, mais surtout Dubois virent toutes leurs espérances trompées. Dubois ne quitta point pour cela la partie. Il fallait un second à l'Hôtel-Dieu ; il chercha un homme assez capable pour en faire un rival à Dupuytren dans la pratique ; pas assez pour devenir lui-même dangereux. Marjolin convenait à merveille ; instruit, habile, avec des formes aimables, mais au fond chirurgien d'ordre secondaire et nullement opérateur. Dubois poussa Marjolin ; Marjolin le rendait à Dubois. Celui-ci disait avec un air de générosité : « Voilà assez longtemps que je fais le jeune premier, je veux m'en tenir désormais au père noble ». Et ce fut ainsi que Marjolin arriva à disputer à Dupuytren le pavé de Paris, et à accaparer cette brillante clientèle dont vous n'avez certainement pu jusqu'ici vous expliquer l'origine. Et il le sait bien, et il convient volontiers que Dupuytren est la cause première, quoique involontaire de sa fortune.

« — Vous m'expliquez, répondit Malgaigne, un autre fait que probablement vous ne savez pas. Lorsque Guérin commença à rédiger la *Gazette de Santé*, il lança un jour un article fulminant contre Dupuytren à propos de je ne sais quelle opération ; au total Guérin n'y entendait guère, et l'article que j'ai là n'était qu'une amplification de rhétorique assez heureusement tournée. Dubois qu'il ne connaissait pas, vint chez lui, l'embrassa sur les deux joues et lui dit : « Voilà de haute critique et de bonne chirurgie ! ».

« — Vous ne pouvez imaginer, reprit Lisfranc, tous les tours que ce vieux Dubois a joués à Dupuytren. A l'École même, toute la coterie était contre lui ; ils l'ont calomnié, ils l'ont attaqué, ils l'ont torturé de toutes manières. Ils n'ont pu lui ôter sa réputation de grand chirurgien, vous savez celle qu'ils lui ont faite comme homme. Ce qui n'aurait été que peccadille pour l'un d'eux, était pour lui un crime abominable. »

Lisfranc, ajouterons-nous, terminait cette conversation, d'un si grand intérêt historique et critique à notre avis, par ces paroles pleines d'une amère philosophie, mais qui sont encore malheureusement trop vraies de nos jours, non seulement dans la médecine, mais au Palais de justice, et ailleurs :

« C'est un malheur, mon ami, pour ceux qui veulent arriver vite de montrer une supériorité trop manifeste dans les Sciences ; soyez poli, soyez modeste, n'effarouchez personne, n'émettez aucune idée capable de contrarier celle des autres, ayez une honnête médiocrité qui ne froisse l'amour-propre de personne, voilà le vrai moyen de parvenir. »

Cet entretien éclaire d'un jour moins sombre la physionomie de Dupuytren. Pour servir de contraste à l'étude trop passionnée de Malgaigne, et pour mettre en lumière sa personnalité si intéressante à observer, nous résumerons quelques-uns des portraits et des jugements qui ont été publiés de ce chirurgien illustre. Il nous apparaît que ce qui dominait en lui, c'était la précision et la rapidité habituellement sûre de son diagnostic pour discerner le siège et la nature d'une maladie, la fermeté de sa main et le sang-froid imperturbable qu'il savait garder, sans montrer jamais la moindre indécision.

Il est incontestable qu'il fut un professeur de clinique incomparable pendant près de trente ans. Il perfectionna toutes les parties de la chirurgie s'il ne fit pas beaucoup de grandes découvertes personnelles. On lui doit cependant l'innovation qui a pour objet la cicatrisation de l'intestin divisé par suite de plaies ou de hernies étranglées ; des modifications heureuses de diverses opérations ; l'extraction des kystes, la résection de l'os maxillaire inférieur, la création de l'anus artificiel, la résection du coude. Les opérations célèbres de la fistule lacrymale et de la taille bilatérale portent encore son nom.

Il parlait bien, avec méthode et netteté mais sans l'éclat de certains de ses rivaux ; il écrivait moins heureusement ; il a laissé d'ailleurs peu d'ouvrages, mais il a formé à son école de nombreux praticiens qui ont honoré leur art. Ses élèves ont publié ses *Leçons de clinique chirurgicale* et son *Traité théorique et pratique des blessures par les armes de guerre*.

Le Dr Chéreau, dans le *Dictionnaire encyclopédique des Sciences médicales* dirigé par Dechambre, a peint Dupuytren de la façon suivante :

« Détesté, décrié pendant sa vie, regretté après sa

mort, manquant de l'éducation qui fait l'homme du monde, fort pauvre de l'instruction qui fait le savant, envieux jusqu'à la tyrannie, éloignant systématiquement de Paris les jeunes chirurgiens dans lesquels il pouvait voir des rivaux futurs ; au regard dur, outrageant, au sourire dédaigneux et hostile, ne voyant dans les hommes que des censeurs ou de mortels ennemis, ne tolérant jamais la contradiction, mais chirurgien remarquable, au coup d'œil sûr, au jugement sain, à la main ferme, imperturbable dans le danger, au diagnostic d'une rare pénétration, au maintien imposant, à la parole rare et grave, ne manquant jamais du sang-froid, du calme qui allaient jusqu'au génie ; moins brillant, moins majestueux que Desault, moins prudent, moins doux, moins humain que Boyer, moins érudit, moins élégant, moins preste que Roux, moins réfléchi que Marjolin, mais plus sûr de lui-même, plus profond dans la pratique, que ces derniers : tel fut Dupuytren que ses nombreux admirateurs et élèves ont proclamé sans l'avoir jamais aimé, le plus grand chirurgien du XIXe siècle. C'est de l'assassinat du duc de Berry que date sa réputation, laquelle s'agrandit encore lorsqu'en récompense de son mérite et pour prix des soins donnés à son neveu, Louis XVIII le choisit pour premier chirurgien en remplacement du P. Elysée. Mais, de l'Hôtel-Dieu à la cour d'un roi, la transition était périlleuse. Sans doute, il en résulta pour Dupuytren, plus de crédit et plus de renom, mais aussi que d'yeux ouverts sur sa conduite, que de jalousies ardentes à la censurer ! Mais si jamais personne plus que lui ne fut perpétuellement en butte aux malignités de l'envie, personne non plus ne fut plus vindicatif. On ferait un volume des incalculables épigrammes dont il fut l'objet... »

Alfred Deberle, homme de lettres distingué, qui fut en 1870 sous-préfet de Corbeil et en 1874, conseiller municipal de Paris, a donné une esquisse populaire de la vie de Dupuytren, dans l'*Ecole Normale*, journal de l'enseignement pratique publié par P. Larousse en 1859. Il a prêté à son récit une forme romanesque qui rend un peu suspects certains détails de cette agréable narration. Le portrait qu'il a tracé de Dupuytren mérite au contraire de fixer l'attention.

« Dubois opérait plus vite que Dupuytren, Desault était plus brillant, plus majestueux, Boyer était plus doux, plus humain, Roux plus érudit dans son art, plus élégant dans ses mouvements ; Marjolin était plus réfléchi et Lisfranc plus expéditif dans ses opérations. Mais chacun s'accordait à dire que nul chirurgien n'avait le coup d'œil plus sûr, la main plus ferme, l'âme plus imperturbable dans les cas dangereux, que Dupuytren. Cependant, disait-on, il lui est arrivé de commettre des fautes. On l'a vu ouvrir un anévrisme, croyant percer un abcès. Son sang-froid était alors incomparable, plaçant le doigt sur l'artère ouverte et souriant au malade pour le rassurer, il promenait un regard tranquille sur les spectateurs, puis s'adressant à ses aides : « Une bandelette, disait-il froidement » et chacun paraissait stupéfait ».

Deberle rappelle une opération restée célèbre par son résultat tragique pour la malade et par la découverte scientifique qu'elle amena. En 1822, Dupuytren extirpait une tumeur du cou, de la grosseur d'une petite cerise à une jeune fille remarquable par la force et la beauté de sa constitution. La tumeur ne tenait plus qu'à un léger pédicule, tout à coup se fait entendre un sifflement prolongé, et cette jeune fille meurt comme foudroyée : Dupuytren, sans exprimer l'émotion qu'il éprouvait, expliqua à ses auditeurs consternés la cause de cette catastrophe qu'il venait de pénétrer. Ce n'était ni la douleur, ni la perte du sang qui avait causé la mort, mais l'introduction de l'air dans les veines. Il démontra que pour les opérations pratiquées aux alentours de la poitrine lorsqu'une veine était ouverte et tiraillée, l'air pouvait pénétrer dans le vaisseau béant, glisser jusqu'au cœur et occasionner la mort.

Dupuytren, en signalant que ce phénomène pouvait se produire instantanément pendant une opération chirurgicale, rendait un nouveau service à la science.

Il est reconnu que cette pénétration de l'air dans

les veines du cou est généralement suivie de syncope mortelle et que la mort est instantanée.

Le Dr Isidore Bourdon qui assista à cette scène, dit que Dupuytren, calme, silencieux, attacha sur le cadavre de la jeune fille un coup d'œil attristé et impérieux, qui semblait sommer la mort de lui donner son secret. Il rappelle la découverte que le chirurgien fit alors de la cause de cette mort. Il ajoute que Dupuytren passionné pour sa découverte, oubliant le cadavre encore chaud étendu devant lui, se mit à haranguer la foule et à tirer de cette circonstance jusque-là inouie une de ses plus belles leçons, et que l'autopsie en montrant les cavités du cœur remplies d'air vint confirmer l'opinion du professeur.

M. de Loménie, dans sa *Galerie des Hommes célèbres par un homme de rien*, a donné à Dupuytren la grande place qu'il mérite.

« Vêtu, dit-il, d'ordinaire avec une négligence extrême, il portait un mauvais chapeau, un habit vert râpé et ses bas tombaient souvent sur ses talons. Ainsi accoutré, il n'en gravissait pas moins les marches de l'Hôtel-Dieu avec la majesté d'un souverain. A son passage, tous les fronts s'inclinaient et, quelques minutes après son entrée, on l'apercevait de nouveau traversant la galerie du rez-de-chaussée, décoré du grand tablier chirurgical, entouré de son état-major, suivi d'une foule nombreuse et se dirigeant vers une des salles de malades toujours du même pas lent et majestueux. En entrant dans chaque salle, il s'arrêtait pour sonner une cloche fixée au mur près de la porte ; la foule s'écartait respectueusement, les internes et les externes attachés au service de la salle se rangeaient en ligne ; le maître prenait le tableau suspendu à une colonne en face de lui et faisait l'appel ; malheur à quiconque ne se trouvait pas à son poste, il le rayait à l'instant du tableau. Ce maître, redouté autant qu'admiré, ce roi absolu de l'Hôtel-Dieu, ce prince de la chirurgie française aux leçons duquel affluait la jeunesse de tous les pays, ce praticien célèbre que l'on venait consulter de toutes les parties du monde et qui est mort plus de sept fois millionnaire après avoir mené la plus pénible, la plus agitée, la plus dévorante, la plus glorieuse et en même temps la plus malheureuse existence qui se puisse imaginer, c'était Guillaume Dupuytren. »

M. de Loménie rapporte ce jugement de Cruveilhier sur son maître.

« Il n'était jamais plus beau que quand il rencontrait quelque difficulté imprévue ou lorsqu'il survenait un accident grave pouvant compromettre immédiatement la vie du malade. « Alors, on le voyait tantôt continuer l'opération avec un sang-froid imperturbable, comme si tout avait été prévu, tantôt s'interrompre et faire part aux assistants de ce qui se passait, évitant, avec un tact admirable de rien dire et de rien faire qui pût alarmer le malade, et, à l'instant il prenait un parti décisif. « Dans ces moments critiques, où l'art de bien dire, semblait le disputer à l'art de bien faire, où les facultés d'un homme puissamment organisé aux prises avec une position extrême semblaient s'exalter en proportion du danger, où maître de lui-même Dupuytren concentrait toutes ses craintes pour ne laisser paraître que l'espérance, où sur sa belle et noble tête à laquelle tant de sentiments divers donnaient une expression sublime, reposait la vie d'un homme, où tout un amphithéâtre les yeux fixés sur le lit de douleur attendait avec anxiété l'issue de cette espèce de duel entre un art conservateur et une mort imminente, Dupuytren était *plus qu'un homme, c'était le Dieu de la Chirurgie* ».

Le plus grand peintre de mœurs du XIXe siècle, Honoré de Balzac, dans son admirable nouvelle intitulée la *Messe de l'Athée*, parue en 1836, a représenté Dupuytren sous le nom de Desplein, bien qu'il ait prétendu ne l'avoir pas pris exclusivement pour modèle.

On relira peut-être avec intérêt ces quelques lignes de notre grand romancier et on reconnaîtra le profit qu'un art accompli a su tirer de la réalité.

« Desplein, dit-il, un des plus grands chirurgiens français, passa comme un météore dans la Science. De l'aveu de ses ennemis, il enterra dans sa tombe, une méthode intransmissible. *Comme tous les gens de génie il était sans héritiers* : il portait et emportait tout avec lui. La gloire des chirurgiens ressemble à celle des acteurs qui n'existent que de leur vivant et dont le talent n'est plus appréciable lorsqu'ils ont disparu. Desplein offre la preuve de cette similitude entre les destinées de ces génies transitoires. Son nom, si célèbre, aujourd'hui presque oublié, *restera dans la spécialité sans en franchir les bornes.* « Desplein possédait un *divin coup d'œil*, il pénétrait le malade et sa maladie, par une intuition naturelle qui lui permettait d'embrasser les diagnostics particuliers à l'individu, de déterminer le moment précis, l'heure, la minute à laquelle il fallait opérer en faisant la part aux circonstances atmosphériques, et aux particularités de tempérament..... Malheureusement, tout lui fut personnel, *il n'a pas conduit une Ecole vers des mondes nouveaux.* Chez Desplein, *la gloire et la science étant inattaquables*, ses ennemis s'en prenaient à son humeur bizarre, à son caractère, tandis qu'il possédait tout bonnement cette qualité que les Anglais nomment *excentricity*. Tantôt il apparaissait superbement vêtu, comme Crébillon le tragique, tantôt il affectait une singulière indifférence en fait de vêtement ; on le voyait tantôt en voiture, tantôt à pied. Tour à tour brusque et bon, en apparence âpre et avare, mais *capable d'offrir sa fortune à ses maîtres exilés*, qui lui firent l'honneur de l'accepter, pendant quelques jours. Aucun homme n'a inspiré plus de jugements contradictoires. Quoique capable, pour avoir un cordon noir, que les médecins n'auraient pas dû briguer, de laisser tomber à la Cour *un livre d'heures de sa poche*, il se moquait lui-même de tous. Il avait un profond mépris pour les hommes, après les avoir observés d'en haut et d'en bas, après les avoir surpris dans leur véritable expression au milieu des actes de l'existence les plus solennels et les plus mesquins. »

Nous ajouterons, contrairement à l'opinion de Balzac, que le nom de Dupuytren est toujours demeuré aussi fameux dans le monde des lettres que dans les cercles scientifiques. Sainte-Beuve qui débuta dans la vie par des études médicales, rappela plus d'une fois qu'il avait eu l'honneur d'être à l'Hôtel-Dieu l'un des externes du célèbre chirurgien.

La postérité a oublié les défauts et les erreurs que les contemporains de Dupuytren lui ont trop rigoureusement reprochés. Elle a reconnu la légitimité de la renommée universelle qu'il avait acquise et elle a confirmé l'hommage que la science, dégagée des passions du temps, a fini par rendre avec équité au plus grand chirurgien du XIXe siècle.

Elle a mis en relief les éminentes qualités du Maître, elle a pardonné les travers et les défaillances d'un praticien incomparable ; elle y a vu comme la rançon que les esprits les plus élevés paient à la nature humaine. Elle a jugé avec admiration et avec sympathie, un homme qui, après s'être élevé de la condition la plus humble au plus haut rang dans son art, après avoir ajouté un nom de plus aux gloires de la France, a cependant encore augmenté le nombre déjà trop considérable des génies malheureux.

ROUX

Malgaigne prononça, le 19 novembre 1855, dans la séance publique de la Faculté de médecine de Paris, l'Eloge de Roux. Ce discours contient sur le chirurgien célèbre, sur ses travaux et sur l'art auquel il avait consacré sa vie, les détails les plus instructifs. Nous y trouvons, successivement retracés le caractère de Roux, la nature de ses œuvres, les progrès qu'il fit faire à la science et l'état de la chirurgie française de son temps.

Malgaigne nous avertit au début qu'il nous présentera le portrait véritable de Roux. Il ajoute avec raison : « J'ai pensé que, pour un tel homme, les molles complaisances du panégyrique ne valaient pas la virile impartialité de l'Histoire. La plus vive lumière est toujours mêlée d'un peu d'ombre. »

Philibert-Joseph Roux était né en 1780 à Auxerre. Son père, maître en chirurgie, lui donna les premières leçons et il l'expédia à quinze ans et demi, le sac sur le dos, à l'armée de Sambre-et-Meuse, avec une commission d'officier de 3e classe.

Il fut envoyé à l'hôpital d'Aix-la-Chapelle. Sa vie touchait au dénûment et Malgaigne rappelle à ce sujet ce qui suit: « Il recevait comme officier de santé de 3e classe une solde de 200 francs par mois, en assignats, ce qui ne suffisait pas toujours à avoir du pain et M. Gama a raconté comment, dans le même temps et dans un hôpital voisin, une douzaine d'officiers de santé affamés (il était du nombre), furent surpris par un commissaire des guerres nantis chacun d'une demi-ration de pain qui n'était pas portée sur les livres de l'hôpital. Ils furent dénoncés et il leur en eût coûté cher peut-être, si Percy, averti à temps, ne les eût dérobés aux recherches par un prompt changement de résidence. Roux se plaisait à raconter par quels expédients plus ingénieux que réglementaires, il avait réussi à réunir une ample provision de vivres en prenant d'ailleurs si bien ses mesures que les commissaires des guerres n'en surent jamais rien. Enfin une loi de janvier 1796, assurant aux chirurgiens militaires des rabais en nature avec un supplément de huit livres par mois en numéraire, les délivra du moins du danger de mourir de faim.

Roux revint à Paris, il échoua aux examens du Val-de-Grâce et il dut vivre avec une pension de 50 francs par mois, en continuant ses études médicales.

Malgaigne décrit l'Ecole de Paris à cette époque et ses chefs dont les noms ne sont pas oubliés, même des profanes : « Trois hommes, dit-il, s'étaient mis en tête du mouvement, et lui imprimaient leur direction. C'était d'abord Corvisart, esprit exact et positif, dédaigneux des théories, qui eût volontiers réduit la médecine à la pratique, la pratique au diagnostic, mais qui avait donné au diagnostic une précision jusqu'alors inconnue, en l'assujettissant au contrôle de l'anatomie pathologique. D'un autre côté marchait Pinel, embrassant de ses regards un plus vaste horizon, moins soucieux de l'art que des doctrines et qui, appliquant à la médecine, la méthode des sciences pures, venait de porter dans le chaos des anciennes classifications, une lumière inattendue. Sous les efforts si divers de ces deux puissants novateurs, la pathologie interne était remuée jusque dans ses fondements. L'anatomie et la physiologie recevaient l'impulsion de Chaussier, génie ardent mais incomplet et qui prétendait réformer à la fois les mots et les choses. »

Roux se lia en 1798 avec Bichat qui venait d'ouvrir un amphithéâtre d'anatomie ; il trouva en lui de quoi répondre à toutes ses aspirations, et bientôt ils se sentirent entraînés l'un vers l'autre par une affection que le temps ne fit que fortifier. Un professeur de vingt-six ans, un auditeur de vingt-huit, après la leçon, redevenaient aisément camarades...

Roux partageait, au besoin il eut excité le goût de Bichat pour le théâtre, et il a raconté comment, d'une soirée à l'autre, après s'être attendris aux scènes tragiques de Racine, ils allaient se pâmer de rire aux bons mots de Brunet.

Quand la carrière scientifique de Bichat commencée à vingt-six ans fut fermée par la mort le 22 juillet 1802, Roux était à son chevet et il ne l'avait pas quitté un seul jour dans ces dernières années. Il partageait l'enthousiasme des auditeurs de son ami pour sa création de l'anatomie pathologique.

Roux continua l'Ecole de Bichat, il publia divers travaux qui répandirent son nom. En 1802, il concourut avec Dupuytren pour une place de chirurgien de seconde classe à l'Hôtel-Dieu, il ne fut pas nommé, mais tous ses contemporains s'accordent à dire que, dans plus d'une épreuve, il éclipsa son redoutable compétiteur et qu'il tint jusqu'au dernier jour la victoire incertaine.

Malgaigne rapporte les difficultés qu'avaient alors Bichat, Roux et leurs collègues à se procurer des cadavres pour les dissections ; on ne les obtenait qu'à prix d'argent, des hospices ou des gardiens des cimetières par des manœuvres secrètes. Il raconte à ce propos cette curieuse anecdote qui peut nous édifier complètement sur les mœurs d'autrefois.

« Le cimetière de *Clamart* appelé alors le *cimetière Sainte-Catherine* ou de son nom révolutionnaire *Cimetière Catherine*, caché dans des ruelles désertes, au fond d'un quartier misérable, était le théâtre ordinaire de ces razzias. Il fallait avoir des intelligences dans la place ; Bichat était entré en relations avec le fossoyeur nommé Allart, homme de sac et de corde, qui cependant s'était tellement laissé gagner par le caractère de Bichat qu'après sa mort il s'engagea solennellement à respecter son cadavre, à n'enterrer même aucun corps par-dessus et qu'il tînt à moitié sa promesse. Roux hérita de la confiance et même un peu de l'affection de maître Allart et grâce à cet heureux concours, son amphithéâtre ne chôma jamais. Il racontait les détails de ces étranges expéditions où ne manquaient ni les émotions ni le péril. Mais pour la jeunesse entreprenante le péril est un attrait de plus. Roux voit les provisions épuisées, les tables vides ; si l'on n'y prend garde, la leçon risque de manquer demain. L'expédition s'organise, on attend la nuit qui cache tout sous son ombre, il faut que la nuit soit bien noire, car un rayon de lune les trahirait. Ils partent, conduisant avec eux une voiture couverte, avec toutes sortes de précautions pour ne pas faire retentir le pavé criard ; ils s'arrêtent contre le mur du cimetière, la voiture même sert à l'escalade ; derrière le mur le fossoyeur complice les attend. Une lanterne sourde éclaire les tombes marquées à l'avance, la pioche fait son œuvre, le cercueil restitue ces reliques humaines qu'on croyait bien lui avoir confiées à jamais ; quand le nombre est atteint on dispose les fardeaux, on leur fait franchir la muraille et, si la voiture s'emplit sans encombre, l'amphithéâtre en aura pour huit jours.

Une nuit, quand déjà les cadavres empilés près du mur, attendaient qu'on les hissât par-dessus, l'un des ravisseurs enjambant la muraille poussa un cri de stupéfaction et d'effroi ; la voiture avait disparu.

Etait-ce un méchant tour d'un ironique désœuvré ou le fait de quelque ronde de nuit qui avait trouvé suspecte une voiture abandonnée à cette heure sur la voie publique. Quoi qu'il en soit, on chercha vainement la voiture, aux environs, et nos ravisseurs de corps morts étaient fort en peine de leur capture, quand, par bonne fortune, vint à passer un fiacre attardé, on l'entoure, on expose l'urgence, on le met en réquisition. Le cocher montra d'abord des répugnances et des scrupules, mais, un honnête pourboire lui ayant fait considérer plus mûrement les choses, il finit par trouver l'affaire superbe et chargea tout ce qu'on voulut. Tandis que ces choses se passaient, il y a à peine un siècle, que faisait donc la police?... »

Malgaigne énumère ensuite les premiers travaux de Roux, sur lesquels nous ne nous arrêterons pas ici à cause de leur caractère spécial. Le jeune docteur devint à vingt-neuf ans chirurgien en chef adjoint à l'hôpital Beaujon ; il épousa en 1803 la fille de Boyer qui l'attira auprès de lui, à la Charité, comme chirurgien en second.

Roux était louche, Malgaigne raconte la façon dont il parvint à se débarrasser du strabisme divergent de l'œil droit qui l'avait longtemps préoccupé et même gêné dans le cours de ses opérations anatomiques.

Un jour, en relisant ce que Buffon a écrit du strabisme, Roux fut frappé de cette observation du célèbre écrivain qu'une très grande inégalité de force entre les deux yeux est véritablement une cause de déviation, mais que pour agir de concert, ils n'ont nul besoin d'une égalité parfaite, en sorte que, si la vue est un peu étendue, l'inégalité pourrait dépasser un quart sans entraîner le dérangement des axes oculaires. Ceci établi, la conséquence n'était-elle pas évidente? Que fallait-il pour la guérison, sinon restituer à l'œil dévié sa force perdue et pour cela l'exercer avec persévérance? Roux s'exerça à lire, à écrire alternativement avec l'œil droit, l'œil gauche étant couvert, tantôt avec les deux. Il persistait des heures entières pendant la nuit. Enfin il annonça à la Société de médecine sa guérison, il en rendit compte dans ses ouvrages sans se nommer, mais en trahissant l'individualité d'une personne à qui il prenait le plus vif intérêt.

Un voyage que Roux fit dans la Grande-Bretagne, en 1814, l'initia aux pratiques des chirurgiens anglais, aux réformes déjà en vogue de l'autre côté du détroit, et exerça sur la direction de son esprit à son retour en France et sur ses méthodes nouvelles la plus heureuse influence.

En France alors, écrit Malgaigne, la science semblait être retombée sous le joug de l'autorité et, dans les Cours, comme à la Clinique de Boyer, le culte de la tradition touchait de près à celui de l'immobilité. Alors commença entre le beau-père et le gendre une lutte incessante qui dura plusieurs années.

Boyer était désolé d'avoir pris un chirurgien pour gendre.

En 1818, Roux se présenta pour la place de professeur de la pathologie externe, mais la Faculté de médecine lui préféra Marjolin.

L'année suivante, une opération faite par Roux hardiment sur un étudiant anglais nommé Stephenson, relative au voile du palais, fit entrer dans la science une découverte considérable : la staphylorrhaphie (opération par laquelle on remédie par des points de suture à la division du voile du palais).

En 1820, Roux fut nommé professeur de pathologie externe, lors de la retraite de Percy. Il était déjà membre de l'Académie de médecine.

En 1825, il se présenta à l'Académie des sciences, qui l'avait couronné pour sa staphylorrhaphie mais qui lui préféra cette fois Dupuytren. Il n'y entra qu'en 1834, à la mort de Boyer son beau-père.

Un seul homme dépassait Roux, c'était Dupuytren.

Cependant, après la mort de ce dernier survenue en 1835, la fortune sembla abandonner Roux. Il quitta son hôpital de la Charité qu'il avait rendu célèbre, entra à l'Hôtel-Dieu qui passait pour le premier hôpital du monde.

Il fut mal accueilli par les internes de Dupuytren, portant le deuil tout récent de leur maître, enthousiastes de sa mémoire *et, comme autrefois ces vieux soldats de l'Empire, s'indignant de servir sous un autre drapeau.*

Malgaigne compare les deux chirurgiens de la façon la plus heureuse. « A la parole grave, mesurée de Dupuytren, dont la bouche superbe ne s'ouvrait que pour rendre des oracles, succédait une sorte de causerie amicale, familière jusqu'à l'enjouement, abondante jusqu'à la prodigalité, pleine de confiance et d'aveux. Dupuytren cachait ses faiblesses, ne laissait voir que le génie de la chirurgie, toujours infaillible, dût la vérité en souffrir. Roux montrait l'homme avec ses incertitudes et ses erreurs, dût en souffrir sa renommée. Dupuytren n'étalait pas ses revers ; son successeur n'était pas accoutumé à tant de prudence et ce fût là ce qui le perdit. Sa loyauté devint une arme aux mains de ses ennemis et l'on organisa contre lui une guerre sourde et perfide à laquelle tout autre peut-être aurait succombé. »

Roux, après avoir plié sous le premier choc, ne se laissa pas abattre, il reconquit sa popularité compromise ; il reprit, avec les soins d'une clientèle importante, le cours de ses travaux scientifiques, mais les fatigues de sa vie l'arrêtèrent peu à peu dans sa brillante carrière, et il succomba le 23 mars 1854.

A la fin de son Éloge de Roux qui, par l'éclat du style, la profondeur des vues, la peinture du maître et de son temps, dépasse de beaucoup la mesure des oraisons funèbres, Malgaigne dit dans un beau mouvement d'éloquence. « Le poète latin a peint dans une vivante image les générations qui se succèdent et, semblables à des coureurs dans l'arène,

« *Passent de main en main le flambeau de la vie.* »

nous aussi, amants de la science, nous avons quelques ressemblances avec ces coureurs ; les générations passées nous ont tendu le flambeau sacré que nous devons transmettre aux générations nouvelles. Heureux ceux qui ont pu le faire briller d'une plus pure lumière et dans cette course indéfinie le porter un peu plus en avant ! »

CHAPITRE V

Procès de Jules Guérin contre Malgaigne

Malgaigne qui avait combattu, dans le *Journal de chirurgie*, les théories et la pratique du chirurgien Jules Guérin, eut à soutenir en 1843, contre ce dernier un procès qui eut un grand retentissement dans le monde scientifique.

Son adversaire était, malgré certains travers et des habitudes professionnelles décriées par plusieurs de ses collègues, un homme de la plus haute valeur.

Il suffit, pour s'en convaincre, de résumer les traits principaux de sa longue carrière.

Jules-François Guérin était né en 1801, à Boussu, ancien département de Jemmapes, en Belgique.

Il commença ses études classiques à Louvain et il vint les achever à Paris. Il se tourna ensuite vers la médecine ; il eut pour maîtres, Chaussier, Boyer et Roux. Reçu docteur en 1826, il fonda en 1830, la *Gazette médicale* qu'il dirigea pendant toute sa vie avec une autorité croissante. Il apportait à la rédaction de cette feuille une ardeur passionnée qui l'entraînait souvent à des polémiques regrettables, mais, avec son expérience et son savoir, il rendit à la science de grands services par les travaux qu'il publia dans ce journal et par son zèle pour plus d'une réforme qui fut adoptée, soit de son temps, soit après lui, dans la pratique comme dans l'enseignement de la médecine.

En 1833, Jules Guérin obtint de l'Institut, un des prix Montyon pour ses travaux sur le choléra.

Il consacra d'abord son activité à l'orthopédie. Il obtint en 1837, le grand prix de chirurgie qui avait été proposé trois fois par l'Académie des Sciences pour un travail intitulé :

Détermination scientifiquement rigoureuse des principes, méthodes et procédés de l'orthopédie, sous le double rapport de la pratique et de la théorie.

Il avait créé, en 1834, à Passy, dans le château de la Muette, un établissement orthopédique où il appliqua les règles de l'anatomie et de la physiologie au soulagement d'infirmités qui n'avaient pas, avant lui, attiré autant l'attention et les efforts de la chirurgie française.

En 1839, il fut chargé par le Gouvernement d'une clinique orthopédique à l'hôpital des Enfants. Il fut nommé à ce poste sans concours, contrairement aux usages, ce qui mécontenta les chirurgiens des hôpitaux, que les polémiques de Jules Guérin dans la presse et sa façon d'agir dans l'exercice de sa profession, avaient déjà éloignés de lui.

En 1842, Jules Guérin devint membre de l'Académie de médecine ; il brilla souvent à la tribune de cette assemblée par son talent oratoire et par ses connaissances profondes de l'art de guérir, non seulement dans la partie qui semblait être son lot particulier, mais dans toutes les questions. Son ardeur dans la discussion, son attachement à ses idées particulières, l'énergie et la vivacité de sa parole, lui attirèrent encore dans cette assemblée, plus d'une antipathie personnelle malgré son mérite supérieur.

En 1852, Jules Guérin remporta une seconde fois, à l'Institut, le prix de chirurgie pour la généralisation de l'anatomie sous-cutanée et, en 1857, il obtint une troisième fois le prix de Montyon pour ses travaux.

Ses œuvres furent considérables, elles ne se bornèrent pas à l'orthopédie, elles s'étendirent, par la nature encyclopédique de l'esprit de leur auteur, aux sujets les plus divers, qu'il traitait avec une égale supériorité : les plaies sous-cutanées, le choléra, la tuberculose, etc.

Il fut plus admiré qu'aimé ; plus d'une de ses polémiques fut malheureuse ; on peut citer entre autres celle qu'il soutint contre Pasteur dont il rejetait les théories microbiennes, à l'imitation d'ailleurs d'un certain nombre de grands praticiens de son époque.

Il garda jusqu'à la fin de sa vie, toute la vigueur de son esprit et tout son zèle pour la science ; car, en

1884, il se rendit encore à Marseille et à Toulon, lors d'une épidémie cruelle de choléra.

Il mourut le 25 janvier 1886, aux îles d'Hyères, à l'âge de quatre-vingt-cinq ans.

En nous reportant à l'année 1843, nous voyons alors Jules Guérin engagé dans une lutte ardente contre les grands chirurgiens de son temps, qui étaient hostiles à ses idées.

Les polémiques de la Presse, les discussions de l'Académie de médecine avaient revêtu un caractère marqué de passion et d'aigreur.

L'établissement de l'Institut orthopédique de Jules Guérin, la façon dont il faisait valoir les résultats, vrais ou exagérés de ses traitements, les statistiques incomplètement vérifiées qu'il produisait à l'appui de ses théories, lui avaient rendu peu favorable une partie du monde médical : Velpeau, Bouvier et bien d'autres praticiens célèbres, contestaient la réalité et la portée des expériences de Jules Guérin, ses opinions sur la ténotomie ou section des tendons, sur la myotomie, ou section chirurgicale des muscles, appliquée à la guérison de certaines déviations de l'épine dorsale.

Malgaigne avait déjà été mêlé à diverses discussions de cet ordre ; il avait combattu dans le *Journal de Chirurgie*, avec force, plus d'une fois, les allégations de Jules Guérin et sa pratique.

En août 1843, Malgaigne dans le *Journal de Chirurgie*, traitant de quelques illusions orthopédiques, à l'occasion du relevé général du service orthopédique de M. Jules Guérin, s'exprima en ces termes :

« Nous avons à remplir un triste et rigoureux devoir que nous eussions désiré éloigner de nous, et devant lequel, en effet, nous aurions reculé, sans doute, si la dignité et la moralité de l'art ne nous avaient paru si fatalement intéressées. »

Cet article, qui contenait une critique ardente de l'œuvre de Jules Guérin, produisit une vive sensation.

Il contestait les guérisons opérées par Jules Guérin ; ses relevés, ses statistiques ; tout était discuté avec une vivacité extrême.

Jules Guérin, le 24 août, répondit dans la *Gazette des Hôpitaux*, en présentant une justification fort longue de sa conduite, en accusant Malgaigne *de partialité calomnieuse* et en lui reprochant une *mauvaise action*.

Malgaigne répliqua à Guérin par une lettre, dont nous laissons de côté la partie technique pour ne citer que la conclusion qui est belle :

« En vérité, sommes-nous donc venus jusqu'à cette heure, sans que le droit sacré d'une juste critique ait été reconnu, sans que la nécessité d'user de ce droit dans toute son étendue ait frappé des esprits honnêtes et courageux, sans que quelque grand exemple de justice scientifique ait vengé la science et la vérité outragées ?

« Il n'y a pas vingt ans qu'un homme de génie, emporté par de trop fortes illusions, annonça, en preuve de la supériorité de sa doctrine, des résultats à peu près comparables à ceux que M. Guérin n'a pas craint de publier. Il se refusait à toute vérification ; malgré lui, et à travers des obstacles bien plus grands que ceux que j'ai eu à vaincre, ses cahiers de visite furent fouillés, l'erreur fut démasquée, la réalité mise au grand jour, et, dès cette heure, c'en fut fait de l'école physiologique.

« Toute la médecine française applaudit alors ; M. Guérin lui-même, un peu trop oublieux aujourd'hui de ses précédents, battit des mains à ce grand exemple, et plus tard, il eut l'insigne honneur de l'imiter. Broussais, dans un aveuglement inconcevable, prétendait qu'il guérissait 5 cholériques sur 6. M. Guérin se procura l'état officiel des cholériques au Val-de-Grâce, et il apporta tout triomphant, dans la discussion, les chiffres victorieux que lui avaient fourni ses recherches.

« Il fallait voir alors comment l'habile, mais encore bien jeune créateur de la *Gazette médicale* traitait le vieil athlète du Val-de-Grâce. « Nous le disons hautement, s'écriait-il, sans le respect qu'on doit au nom d'un homme qui a rempli l'Europe du bruit de ses travaux, nous ne saurions qualifier les moyens qu'il a employés pour tromper le public... S'il s'était borné à dire à son auditoire ce qu'il a fait répéter par tous les journaux de Paris, nous aurions laissé à chacun le soin d'apprécier, au lit du malade, l'exactitude de ses assertions. Mais il a répandu dans toute la France les assurances les plus positives de succès qu'il n'avait pas obtenus. Nous avons cru, pour l'honneur de nos confrères, et dans l'intérêt de la science et de l'humanité, devoir protester contre de semblables assertions, afin d'éclairer les praticiens sur la valeur d'une méthode que nous regardons comme pernicieuse... Nous savons que nous avons pleinement réussi dans cette louable entreprise qui n'était qu'un acte de justice ; et loin de nous en repentir, nous serons prêts à recommencer toutes les fois que l'occasion s'en présentera.

« C'était un langage hautain et superbe, qu'il n'est pas donné à tous d'imiter ; pour moi je n'ai pas pensé que la vérite eût besoin de grands éclats, et je veux espérer encore qu'il n'y aura pas lieu de retourner contre M. Guérin ses cruelles paroles.

« Que répondait cependant M. Broussais ? Il criait à la calomnie, à la persécution ; il accusait son adversaire d'*indignes insinuations* et de *mauvaise action*. Le langage des passions irritées est partout le même. M. Guérin lui renvoya une petite phrase très juste, très nette, très correcte, et que cette fois nous nous croyons parfaitement en droit de prendre à notre usage :

« Nous ne devons pas exiger de M. Broussais des remerciements pour cette dissertation *ad hominem ;* mais la modération qui convient à ceux qui ont tort, et surtout la justice, qui est un devoir pour tout le monde. »

Des chirurgiens des hôpitaux de Paris s'émurent de la façon violente avec laquelle Jules Guérin attaquait dans son journal ses adversaires. Ils exprimèrent leur mécontentement, quand Jules Guérin fut parvenu à obtenir du Conseil des hôpitaux la nomination d'une commission pour apprécier et juger ses actes. Ils protestèrent, de la façon la plus vive, par une lettre collective contre les idées, les statistiques erronées et les actes de Jules Guérin dont ils n'admettaient pas d'ailleurs le choix irrégulier pour le poste qu'il occupait à l'hôpital des Enfants. Ils s'élevèrent contre l'intrusion dans les services de la chirurgie de quelques hommes qui n'avaient pas suivi la voie du concours, tracée par les règlements. Parmi les signataires des divers articles publiés dans ces circonstances, nous remarquons les noms de Malgaigne, Velpeau, Lisfranc.

Bien que Jules Guérin eût à sa disposition, pour se défendre, la *Gazette médicale* qu'il dirigeait et qu'il ne cessât pas d'adresser aux journaux qui avaient accueilli les attaques de ses adversaires de longues lettres de justification, il crut devoir recourir à un procès en police correctionnelle contre deux des chirurgiens des hôpitaux de Paris signataires de la pièce ci-dessus relatée : Malgaigne et Vidal (de Cassis).

En octobre 1843, il les assigna devant la sixième chambre du tribunal de la Seine. Il demandait leur condamnation aux peines de la diffamation et de l'injure et à 20 000 francs de dommages-intérêts chacun, applicables à l'amélioration des services orthopédiques de l'hôpital des Enfants.

Ce procès mettait en jeu la liberté de penser et d'écrire, avec des questions techniques de science et de pratique, que les juges d'un tribunal parisien ne semblaient pas être en état de trancher.

Une grande émotion se produisit dans le monde médical, quand il apprit que deux de ses membres étaient l'objet de semblables poursuites.

La Presse et les Sociétés savantes partagèrent les sentiments de réprobation qu'excitait la résolution prise par Jules Guérin.

Ce dernier sembla vouloir attiser encore le feu, car il écrivit audacieusement dans son journal : « M. Guérin prévient tous ceux qui, de près ou de loin, ont participé au système d'injures déféré aux tribunaux qu'ils seront surveillés de près désormais, petits et grands, diffamations publiques ou privées, nul ne sera laissé de côté. »

Une déclaration en faveur de la liberté de discussion en matière scientifique fut signée. Elle était ainsi conçue :

« Nous soussignés, professeurs de la Faculté de médecine de Paris, membres de l'Académie royale des sciences, membres de l'Académie royale de médecine ou d'autres Sociétés savantes, Docteurs en médecine et en chirurgie des trois Facultés du Royaume,

Consultés par deux de nos confrères, MM. Malgaigne et Vidal (de Cassis), présentement poursuivis en police correctionnelle, pour des articles de critique médicale, sans prétendre nous immiscer dans le fond ou les détails du procès, déclarons adhérer pleinement et sans réserve aux principes suivants :

La liberté de discussion en matière scientifique est le droit le plus sacré et l'une des bases fondamentales de toute science.

La discussion peut et doit s'exercer sur les doctrines et sur les faits.

La discussion des faits porte essentiellement sur leur valeur, sur leur degré d'exactitude, et entraîne nécessairement le droit de les nier, lorsque leur fausseté a éte découverte.

En médecine et en chirurgie particulièrement, il est de droit de discuter toute méthode et toute opération nouvelles, de rechercher la valeur des succès annoncés, de les nier lorsqu'on a la preuve qu'ils ne sont pas réels.

Hors de ces principes, il n'y a plus ni discussion, ni art, ni enseignement possibles, ni garantie pour la santé publique; et la Science serait livrée sans défense à la merci de tous les charlatans.

Paris, 8 octobre 1843.

Parmi les très nombreuses signatures données à cette protestation, nous citerons seulement celles de Velpeau, Cruveilhier, A. Bérard, Trousseau, Nélaton, Huguier, Larrey.

Les rédacteurs en chef des journaux de médecine et les rédacteurs des journaux touchant aux sciences, considérant que, si la liberté de discussion est le droit le plus sacré de la science, il importe principalement à la Presse qu'elle n'en reçoive aucun dommage, et que, sans ladite critique, aucun journal sérieux ne saurait exister, adhérèrent en grand nombre à la protestation des médecins.

La Société de chirurgie, le 18 octobre 1843, adopta sans réserve la déclaration de principes ci-dessus, dans une décision solennelle qu'elle adressa à toutes les sociétés savantes. Elle rappelait que son institution avait pour but l'étude et les progrès de la chirurgie, que la libre discussion des faits était une condition indispensable à cet objet. Elle ajoutait que le droit de libre discussion en matière chirurgicale avait été mis en question dans un procès pendant devant les tribunaux, et que déjà une déclaration de principes formulée à cet égard avait été signée par un grand nombre de médecins et de chirurgiens de Paris, mais qu'il était digne de cette grande manifestation d'être corroborée par les adhésions des sociétés savantes et que la Société de chirurgie ne saurait mieux atteindre le but de son institution, qu'en provoquant elle-même ces adhésions dans tout le Royaume.

Les sociétés savantes répondirent à cet appel; les médecins de province se joignirent à ceux de Paris pour défendre la liberté de discussion et pour protester contre les procédés de Jules Guérin.

Nous ne citerons à titre d'exemples que deux de ces réponses : l'une d'elles émane de M. Rigal, chirurgien de l'hôpital de Gaillac, membre correspondant de l'Académie de médecine, resté l'ami particulier de Malgaigne. Elle est pleine de raison et de sens.

« Personne au monde ne professe plus d'estime que moi pour le talent de M. Guérin ; par cela même je déplore plus que personne la voie malheureuse dans laquelle il vient d'entrer. Si par impossible MM. Malgaigne et Vidal (de Cassis) étaient reconnus coupables, judiciairement parlant, l'exemple du propriétaire de l'établissement orthopédique (je me trompe) de l'Institut orthopédique du château de la Muette, n'en resterait pas moins, pour prouver à quels expédients sont condamnés les meilleurs esprits, quand des intérêts matériels se mettent forcément pour eux à la place des intérêts de la science, quand l'art est obligé de descendre au niveau d'une industrie. »

La seconde fut publiée par Boucher de Perthes, notre compatriote, si connu par ses découvertes préhistoriques ; il l'écrivait en qualité de président de la société d'Émulation d'Abbeville. Elle contenait une adhésion sans réserves à la déclaration des médecins, de la part de la Société littéraire picarde.

Le procès se présentait dans les circonstances suivantes : Jules Guérin avait été investi sans concours par l'administration des hôpitaux d'un service d'orthopédie à l'hôpital des Enfants. Non content de cette situation exceptionnelle il avait demandé l'agrandissement de son service, ce qui mécontenta les chirurgiens de Paris. Ils protestèrent et recherchèrent quels services avaient rendu l'orthopédie pour être si bien traitée. Jules Guérin, pour prouver que l'orthopédie méritait la bienveillance publique, présenta au Conseil des hôpitaux et fit publier dans tous les journaux de médecine et politiques une statistique contenant plus de 1 300 cas de malades, avec des résultats extraordinaires attribués à sa méthode et à ses opérations.

Les chirurgiens des hôpitaux de Paris écrivirent une nouvelle lettre en réponse à cet exposé. Malgaigne et Vidal (de Cassis) firent paraître dans les journaux, un article consacré à l'examen des faits de la statistique de Jules Guérin, et ils conclurent, le premier, que le médecin avait eu des illusions orthopédiques, le second, qu'avant de tromper les autres il s'était trompé lui-même.

Jules Guérin somma sur l'honneur les auteurs des lettres signées : *Plusieurs Chirurgiens de Paris* de se faire connaître, ce que dix-sept d'entre eux firent aussitôt.

Se trouvant en face d'adversaires trop nombreux pour les prendre tous à partie, il en poursuivit deux seulement : Malgaigne et Vidal (de Cassis) dont les articles lui parurent injurieux et diffamatoires. Il assigna en même temps pour délit de connexité, le rédacteur d'un autre journal dont les articles sur cette affaire avaient un autre caractère.

Il faut remarquer que l'action de Jules Guérin s'expliquait d'autant moins, que le tribunal ne pouvait juger le fond de la question ; les preuves en matière de diffamation n'étant pas admises, la justice ne pouvait apprécier la valeur des faits en eux-mêmes, mais prononcer seulement sur la forme légale ou non, donnée à des accusations vraies ou fausses.

La loi interdisant le compte rendu des procès en diffamation, il ne reste que peu de traces des débats judiciaires. L'affaire fut plaidée le 14 novembre 1843, en présence d'un concours nombreux de médecins, de publicistes et de gens de loi. Jules Guérin était assisté de Me Crémieux, Vidal (de Cassis), de Mes Plocque et Bethmont, Malgaigne n'avait pas d'avocat. Henroz, journaliste mêlé à cette poursuite, avait pour défenseur Jules Favre.

Après la plaidoirie de Crémieux, Malgaigne présenta sa défense, « C'est ici, dit le directeur de la *Gazette des hôpitaux*, que nous regrettons de ne pouvoir reproduire cette improvisation brillante, animée, pleine de noblesse et de dignité, de force et de courage, qui pendant trois quarts d'heure a tenu l'auditoire sous le charme d'une parole incisive.

« Quelques applaudissements se font entendre, réprimés aussitôt par le respect dû à la justice. M. Malgaigne reçoit les félicitations de ses confrères et des membres du barreau qui l'entourent. »

Bethmont prit la parole, au nom de la Société de Chirurgie, et défendit les lettres publiées dans le *Siècle* et dans la *Gazette des hôpitaux*.

Plocque plaida pour Vidal (de Cassis).

Le 17 novembre Jules Favre défendit Henroz, et

Jules Guérin à son tour parla pendant plus de deux heures.

Le procès attirait l'attention de tout Paris, à raison de la question de liberté de discussion mise en jeu. Partout dans les cercles, dans les salons, dans les Académies, il était le sujet des conversations, et la conduite de Jules Guérin avait peu d'approbateurs. Le fond de l'affaire demeurait toujours la sincérité de la statistique publiée par le plaignant et la justice n'avait point à trancher une semblable question.

Le 22 novembre 1843, l'avocat du roi, Anspach, conclut à la condamnation de tous les inculpés, en écartant le délit de connexité et de complicité. Il était juif comme Crémieux, et un auditeur narquois dit alors à demi-voix : « Dieu des Juifs, tu l'emportes ! »

Le 24 novembre les avocats répliquèrent. Malgaigne, après eux, termina sa défense par une allocution ferme et vigoureuse, dont l'effet sur l'auditoire fut considérable.

Le 28 novembre, la 6e Chambre, présidée par M. Perrot de Chezelles, rendit son jugement. Malgaigne fut renvoyé des fins de la plainte. Vidal (de Cassis) absous sur la question de diffamation fut condamné à 100 francs d'amende et à 500 francs dedommages intérêts pour injures publiques. Henroz seul fut condamné pour diffamation.

Nous relevons, dans les motifs du jugement, ce qui suit :

« En ce qui concerne les poursuites de Jules Guérin, contre Malgaigne, Vidal (de Cassis) et Henroz ;

« Attendu que Jules Guérin, en insérant dans la feuille du premier juillet 1843 du journal la *Gazette médicale*, dont il est rédacteur en chef, un tableau statistique intitulé : *Relevé général du Service orthopédique de l'hôpital des Enfants*, service dont il s'est chargé, s'est par cela même soumis à l'examen et au contrôle publics, et surtout des personnes ayant intérêt à vérifier et disculer l'exactitude et la valeur des succès annoncés ;

« Attendu que les inculpés ont tous trois cet intérêt, en leur double qualité de docteurs en médecine et de rédacteurs de journaux de chirurgie et de médecine ; mais qu'il y a lieu toutefois de rechercher si la discussion à laquelle elles se sont livrées, a dépassé les limites d'une critique scientifique et sincère et présente les caractères de diffamation et d'injure envers Jules Guérin ;

« En ce qui concerne Malgaigne particulièrement :

» Attendu, quant aux articles publiés dans le journal le *Siècle*, du 6 août 1843 et dans le numéro de la *Gazette des Hôpitaux* du 9 septembre de la même année, qu'il n'est nullement justifié qu'il ait participé d'une façon quelconque à leur rédaction ou à leur publication ; et que si, dans une lettre signée de lui et de quinze autres chirurgiens, et qui a été publiée dans la *Gazette des hôpitaux* le 28 septembre, il a déclaré en prendre la responsabilité, cette déclaration, dans les termes où elle est conçue et dans les circonstances où elle a été faite, ne saurait cependant le rendre responsable vis-à-vis de la loi, du fait de cette publication ;

« Attendu, sur les articles publiés dans le *Journal de Chirurgie* de juillet, août et septembre dernier, que s'il résulte des débats que, sur certains points, il s'en est rapporté trop facilement à des documents sans valeur et a légèrement accueilli et publié des renseignements à lui transmis, et s'il est d'ailleurs constant qu'il est sorti d'une discussion sage et modérée que lui commandaient particulièrement le rang qu'il occupe dans la science, l'importance et la publicité de son journal, il est néanmoins suffisamment établi qu'il n'a pas agi dans des vues d'intérêt privé, et que sa critique a été sérieuse et sincère ;

« Attendu quant à l'inculpation d'avoir participé dans un but coupable aux publications faites par Vidal de Cassis et Henroz, qu'il n'existe contre lui aucun indice de culpabilité. »

Jules Guérin fit bonne mine à mauvais jeu. Il déclara d'abord dans son journal que, si Malgaigne avait été renvoyé de la plainte, il avait toutefois reçu une censure qui équivalait à une condamnation morale de son système de critique soit pour le fond, soit pour la forme.

Par une singulière contradiction, peu de jours après le jugement rendu, Jules Guérin en interjeta appel ; mais il expliqua qu'il l'avait fait pour se joindre aux appels faits par le ministère public et l'un des plaideurs.

Malgaigne conçut alors la pensée de porter la question devant l'Académie de médecine et l'Académie des sciences qui seraient plus en état de la résoudre qu'un tribunal correctionnel.

Le 10 février 1844, le procès revint devant la chambre des appels de police correctionnelle de la Cour de Paris, présidée par M. Moreau. Jules Guérin avait adjoint à Me Crémieux Me Billault qui parla le premier en sa faveur.

Malgaigne, comme en première instance, plaida lui-même. Dans un discours qui dura quatre heures, il suivit pas à pas l'argumentation de son adversaire et il obtint un vif succès personnel.

Le 17 février 1844, la Cour rendit un arrêt par lequel elle confirma le jugement de première instance et renvoya Malgaigne des fins de la plainte.

Nous avons en vain recherché cet arrêt au Greffe de la Cour de Paris ; cette partie de ses archives a été détruite en 1871 dans l'incendie du Palais de Justice.

Le souvenir de ces audiences émouvantes n'a pas disparu dans le monde judiciaire. Un des anciens avocats de notre temps, Magnier, nous racontait qu'il avait assisté aux débats, que le succès de Malgaigne à l'audience avait été extraordinaire, et que plus d'un maître du barreau lui avait déclaré que s'il était venu au Palais, il y aurait conquis assurément l'une des premières places. « Vous étiez né avocat, » lui dit alors Bethmont, l'une des gloires du barreau parisien. » Cet éloge si grand était cependant au-dessous encore de la vérité, Malgaigne était plus qu'un avocat, c'était un orateur.

Le monde médical vit avec satisfaction les droits de la critique reconnus, et les adversaires de Jules Guérin ne manquèrent pas de triompher de son insuccès.

En ce temps, tout finissait par des banquets : en mars 1844, eut lieu, dans les salons de Véfour, alors universellement célèbres, un dîner offert par la Société de chirurgie à Malgaigne, Vidal (de Cassis). Bethmont, Plocque, Jules Favre ; Marjolin, invité à cette réunion, en portant le toast d'usage dit : « Votre cause, Messieurs, était belle, elle était sainte, elle a eu les sympathies des hommes honnêtes qui, tous, reconnaîtront vos efforts. »

Le 5 avril 1844, Malgaigne, candidat à la place vacante dans la section de Médecine opératoire, vint lire à l'Académie de médecine un mémoire sur la valeur réelle de l'orthopédie et spécialement de la ténotomie rachidienne dans le traitement des déviations latérales de l'épine.

Dans cet écrit, les doctrines de Jules Guérin sont discutées, jugées avec rigueur. Ce travail suscita au début certains orages dans l'Académie. Il fut renvoyé à une commission. Velpeau, qui était hostile à la pratique et aux idées de Jules Guérin, fut chargé du rapport. Il concluait en déclarant :

1° Que Malgaigne avait bien mérité de la pratique en montrant sous leur véritable jour des faits présentés jusque-là d'une façon inexacte ou incomplète ;

2° Que des remerciements lui étaient dus pour avoir fait ressortir de ces faits des vérités, dont la connaissance n'importait pas moins à la sécurité des familles, qu'à la science et à la dignité de la profession médicale.

Une discussion passionnée s'engagea à l'Académie de médecine entre le rapporteur et Jules Guérin. Les amis de ce dernier auraient voulu faire infliger un blâme indirect à Malgaigne par l'Académie, mais elle s'y refusa, après un vote, où, sur l'avis des deux tiers de ses membres, l'insertion au *Bulletin* du Mémoire si discuté fut à la fin prescrit.

De son côté, le 19 février 1844, l'Académie des sciences avait reçu de Malgaigne une lettre développée sur l'abus et le danger des sections tendineuses et musculaires, dans le traitement de certaines difformités.

Les médecins qui, en dehors de leur art et de leurs connaissances scientifiques aiment et cultivent les lettres et les pratiquent, sont rares ; ceux qui ont eu des succès oratoires en dehors de leurs chaires de professeurs ou des réunions académiques sont encore moins nombreux. Malgaigne avait démontré, dans le procès qu'il eut à subir, qu'il savait aussi bien parler devant un tribunal qu'à l'École de médecine ou à l'Académie.

Il nous rappelle un médecin du XVIIe siècle, dont il a été déjà parlé, dans cette Étude : Gui Patin, le médecin le plus gaillard de son temps, disait Ménage, que Sainte-Beuve nous représente avec son masque de franc picard et d'homme probe. On connaît son esprit mordant et satirique, son éloquence qui attirait un concours considérable d'auditeurs au pied de sa chaire de professeur, et son talent d'écrivain que nous admirons encore dans sa correspondance vive, spirituelle et originale. Son humeur était peu commode, elle l'entraînait à des discussions de toute nature, mais, quand il avait à soutenir ou ses intérêts propres ou ceux de la Faculté de médecine, il ne craignait pas de se mettre en avant et de plaider lui-même sa cause devant les Cours de justice.

Son procès contre Théophraste Renaudot est demeuré célèbre. Ce dernier, en fondant la *Gazette de France*, voulait en faire un centre commun de renseignements, il donnait des consultations gratuites, il s'offrait à procurer des médecins et des médicaments ; lui-même, sorti de la Faculté de Montpellier, prétendait exercer son art à Paris, sans l'autorisation de la Faculté de cette ville. Gui Patin, doyen de la Faculté, attaqua Renaudot de la façon la plus ardente, dans plusieurs écrits où il flétrissait le trafic organisé par Renaudot et le traitait lui-même de

Nebulo hebdomarius. Renaudot poursuivit Gui Patin devant les juges des Requêtes de l'Hôtel.

A l'audience du 12 août 1642, Gui Patin présenta lui-même sa défense ; son plaidoyer remporta le plus grand succès par son éloquence, son érudition, la rigueur de l'argumentation et les traits pénétrants d'une verve incisive. Gui Patin persuada à ses juges que les paroles incriminées ne constituaient pas une injure : il fut acquitté. Il dit à Renaudot assistant à l'audience : « En entrant à l'audience, vous étiez camus, vous avez gagné par votre procès d'en sortir avec un pied de nez. »

En 1645, Gui Patin eut à soutenir un second procès contre les apothicaires, qu'il avait traités, dans une thèse, *d'ignari nebulones*, en ajoutant que le fatras de remèdes qui sortaient de leurs officines ne servait pas plus à la guérison des malades que la chaux et le sable. Traduit devant le Parlement par les apothicaires, Gui Patin prononça encore lui-même pour sa défense un plaidoyer qui amena son acquittement. L'avocat général Talon félicita l'orateur sur son discours, sur son savoir et sur les preuves qu'il avait fournies. Il adressa en même temps une réprimande sévère à ses adversaires.

On voit, l'analogie de ces vieilles instances avec le débat judiciaire que Malgaigne eut à soutenir, et on sera frappé sans doute de la nouvelle ressemblance qu'on peut trouver chez les deux médecins orateurs dans leur propre cause.

CHAPITRE VI

MALGAIGNE DÉPUTÉ DU IVe ARRONDISSEMENT DE PARIS. — HISTOIRE DE SA CANDIDATURE. — SON ÉLECTION EN 1847. — SON DISCOURS A LA CHAMBRE SUR LE SONDERBUND. — LA RÉVOLUTION DE 1848.

Ce fut tout à fait par hasard, qu'en 1846 Malgaigne entra dans la vie politique. Il avait commencé à écrire l'Histoire de sa candidature à la députation du IVe arrondissement de Paris. Nous donnons ce que nous avons retrouvé de ce curieux récit.

« Je venais d'être nommé membre de l'Académie Royale de médecine, et désirant lui payer un peu ma dette, je m'étais mis à explorer les registres et les manuscrits de l'ancienne Académie de chirurgie, entremêlant cette besogne ingrate de quelques recherches sur Celse et les chirurgiens alexandrins. Au milieu de mes élucubrations fort peu politiques, m'arriva d'abord une circulaire de M. Ganneron, assez pauvrement écrite, et qu'il terminait en nous renouvelant ses *sentiments d'attachement et de haute considération*. Je la lus et la mis au panier, médiocrement flatté de l'attachement d'un candidat dont la figure même m'était inconnue. Puis plusieurs jours se passèrent et quelques électeurs, au nombre desquels figurait M. Dubail, nous adressèrent une convocation à une assemblée préparatoire pour entendre la profession de foi d'un nouveau candidat : M. Edgar Quinet. C'était pour le 28 juillet.

« N'ayant de ma vie assisté à une réunion électorale, je fus curieux de voir celle-ci et j'y allai ; dès sept heures un quart j'étais dans la salle, quêtant çà et là une figure amie et ne trouvant personne. Cependant deux électeurs m'appelèrent par mon nom, deux pharmaciens. MM. Page et Sauve, avec qui je me hâtai de faire connaissance, et nous causions ensemble lorsqu'arriva M. Dubail assez affairé, qui me donna pourtant la main en passant, appelé ailleurs pour la constitution du bureau. Je fus assez surpris, quelques minutes après, de le voir revenir à moi en grande hâte. Vous pouvez, me dit-il, nous rendre un signalé service. — Et de quoi s'agit-il ? — Nous avions demandé pour nous présider M. Chambry, maire de l'arrondissement qui a refusé, parce que M. Ganneron ne sera pas présent à la séance. Après d'autres refus, M. Audiffret avait accepté, mais il vient de nous déclarer qu'il ne se sent pas le courage de tenir tête à une Assemblée ; il n'y a que vous qui puissiez nous tirer de là. — Mais, dis-je, qui est-ce qui m'offre la présidence ? —C'est moi, c'est le bureau. — Si c'est vous, repris-je, cela ne saurait suffire ; si c'est le bureau, ce sera un trop grand honneur pour que je ne m'empresse pas de me mettre à votre disposition.

« Il m'entraîna donc du côté du bureau où M. Quinet que je n'avais jamais vu et ses amis me prièrent d'accepter et je montai au fauteuil.

« La séance ouverte, M. Dubail eut la parole pour exposer d'abord comment s'était formé le bureau. M. Ganneron ayant refusé de venir, le bureau était composé uniquement des amis de M. Quinet. Et tous les présidents ayant refusé, il me présenta en quelque sorte, et assurément sans le vouloir, comme un président de rencontre.

« Je me levai. — « Vous venez d'entendre, en effet, Messieurs, comment je dois au pur hasard l'honneur inespéré de présider une Assemblée aussi considérable. J'ajouterai que je suis ici parfaitement neutre, électeur nouveau, et désireux d'entendre les deux candidats avant de donner mon suffrage. »

« Ceci parut plaire à l'Assemblée et je donnai derechef la parole à M. Dubail.

« Celui-ci exposa d'une part les griefs qu'il avait contre M. Ganneron, d'autre part les titres de M. Quinet ; après quoi M. Quinet, eut la parole.

« Je ne saurais dire qu'elle fut ma stupéfaction en entendant cet homme, à qui les journaux avaient fait une réputation si grande. Pas de tenue, pas de gestes, pas d'idées, pas de parole ; une improvisation difficile, laborieuse, sans suite, sans but, à ce point que l'un de ses amis qui siégeait à ma droite me disait, d'un ton consterné : Il patauge, il patauge.

« L'improvisation péniblement terminée, vinrent les interpellations. Le malheureux candidat n'avait sur rien d'idées nettes; pas même sur la liberté d'enseignement, encore bien moins sur la liberté de conscience. Un ami de M. Ganneron monta à la tribune pour soutenir ce dernier et n'y parvint pas trop mal : seulement il parut interdit d'une question un peu vive. Pourquoi M. Ganneron n'est-il pas ici? Et comme il répondait qu'il l'ignorait: « Messieurs, repris-je, c'est une question sur laquelle votre Président se propose de revenir avant de lever la séance ». Ce peu de mots fit effet, l'Assemblée demeura calme et toutes les questions pour et contre ne tardèrent pas à être épuisées.

« Je me levai alors et, de la main commandant le silence:

« Messieurs, leur dis-je, en nous rendant à cette Assemblée, nous avions le désir et l'espérance d'entendre les deux compétiteurs et d'établir notre jugement définitif sur un débat en quelque façon contradictoire. Cette espérance a été trompée, M. Ganneron n'a pas jugé à propos de prendre part à la lutte. Je l'ai vivement regretté pour ma part; homme nouveau parmi vous, j'aurais été bien aise de donner mon suffrage en toute connaissance de cause. J'ai demandé pourquoi M. Ganneron n'était point venu, et l'on m'en a donné deux raisons. Selon la première, M. Ganneron, homme d'action plus que de parole, aurait voulu éviter une comparaison périlleuse avec l'orateur que vous avez entendu. Il a eu tort, ce me semble; les électeurs du quatrième arrondissement sont par-dessus tout des hommes pratiques qui savent ce que vaut une parole brillante, mais qui savent aussi ce que pèsent les actes. D'autres m'ont dit, je n'ai pas voulu le croire, que quelques personnes dévouées à M. Ganneron l'auraient engagé à se tenir à l'écart, à ne point paraître à vos assemblées, lui répondant d'ailleurs du résultat et lui promettant vos suffrages.

« S'il en était ainsi, Messieurs, je dis que ce serait une grave injure faite à tout le corps électoral ; car si vos opinions règnent sur vous en souveraines, il n'appartient à aucun homme de croire qu'il dispose de vous en souverain. Je le dis donc bien haut afin que mes paroles aillent plus loin que cette enceinte. Il reste quatre jours d'ici à l'élection, espace bien court; mais suffisant encore pour que M. Ganneron répare ce que j'appellerai son imprudence. Qu'il comparaisse devant une nouvelle Assemblée et qu'il s'explique ; ce n'est pas seulement une haute convenance, mais je dis que c'est un devoir. Et si par son superbe dédain, il refusait de se présenter devant vous, s'il jugeait trop au-dessous de lui de vous soumettre à l'heure actuelle sa profession de foi politique, alors, tout électeur au moment de donner son suffrage, aurait à prendre conseil de sa dignité ! »

« Ces quelques mots, improvisés d'une voix ferme, furent interrompus et couronnés par de nombreuses acclamations. Je m'échappai après avoir levé la séance et dans la foule qui s'écoulait, j'entendais dire : « Qui donc était-ce que notre président ? — Je ne sais pas, on dit que c'est un médecin. — Diable, il ne manque pas de nerf, ce médecin-là ! »

« Dans la rue, je rencontrai mon confrère Laguette qui me complimenta et me dit que j'avais fait une impression profonde, que je ne ferais pas mal pour l'avenir de me faire connaître dans l'arrondissement. J'allai raconter à ma femme comme quoi, sans y penser, j'avais présidé une Assemblée électorale et ainsi finit ma première journée.

« La deuxième ne fut pas brillante ; j'espérais qu'au moins Dubail ou tout autre membre du bureau me ferait l'honneur d'une visite ou d'un remerciement ; je ne vis personne. Le *National* avait rendu compte de la séance, mais sans me nommer ; un autre journal m'appelait M. Madeleine ; la *Réforme* et le *Commerce* seuls avaient imprimé mon nom.

« Je ne laissais point de trouver mon isolement fort singulier, et, il me semblait que l'on dédaignait un peu trop ma nouvelle puissance. J'estimais aussi que M. Ganneron ne se pressait guère de convoquer une nouvelle assemblée et je méditais d'adresser au Collège entier une circulaire un peu énergique s'il ne revenait pas à résipiscence. Au total, la fête du 29 juillet devait entraver les affaires, je remis ma décision au lendemain et me couchai d'assez bonne heure.

« J'étais dans mon premier sommeil, ou plutôt

incertain entre le sommeil et la veille, lorsque M. Quinet sonna à ma porte. Il avait, disait-il, à me parler d'une affaire importante ; il pressa ma femme de m'éveiller, mais grâce au ciel celle-ci tint bon, et mon sommeil fut respecté. Ce fut là ma seconde journée.

« Mais le 30, à 7 heures du matin, reparut M. Quinet. Il voulait m'interroger sur l'effet qu'il avait produit et surtout me demander un conseil assez grave. Il se présentait à Mézières en même temps qu'à Paris, et comptant en avoir fini la veille avec M. Ganneron, il avait retenu sa place à la diligence, pour ce jour même, à 2 heures. Cependant, dès la veille, des amis de M. Ganneron étaient venus le prévenir qu'il y aurait une nouvelle assemblée le 31 au soir ; il avait promis de s'y rendre et il se trouvait fort empêché. Fallait-il rester à Paris, fallait-il courir à Mézières ? Il croyait que ce dernier arrondissement lui offrait de plus belles chances que l'autre ; quant à Paris, on lui avait bien dit qu'il y avait quatre cents voix flottantes, mais ce n'était pas même la majorité, et il craignait fort d'avoir fait une impression insuffisante, à peine donc s'il avait lieu de compter comme chose assurée sur 150 voix.

« Je me tins sur la réserve et me gardai d'un conseil quelconque. Il me paraissait d'ailleurs assez décidé à partir, ce qu'il fit en effet le jour même.

« Mais la nouvelle résolution de M. Ganneron me fit un effet assez agréable. Ainsi donc, ma voix avait été entendue et c'était bien à moi qu'était due sa conversion subite. Ainsi mon importance s'établissait d'emblée ; je jugeai dès lors qu'il était à propos d'aller retirer une carte d'électeur ; et chemin faisant je passai chez Dubail que je ne trouvai point et chez M. Lesage, qui n'avait point été à l'Assemblée. Je lui racontai toute l'affaire et l'échec de M. Quinet le réjouit d'autant plus que son vote était acquis à M. Ganneron.

« Je m'en revins chez moi, attendant la circulaire de ce dernier et trouvant qu'elle était bien longue à venir. D'ailleurs pas une visite, j'étais en dehors de tout ce qui se passait, nul ne me connaissait, je ne connaissais personne.

« A 5 heures, M. Lesage arriva chez moi rayonnant et comme un homme qui apporte de bonnes nouvelles. Il sortait de chez M. Ganneron, il avait entendu ces messieurs parler de moi dans les termes les plus flatteurs ; dire avec quelle fermeté et quelle dignité j'avais présidé ; regretter de n'avoir pas pour leur réunion un président semblable, etc. Il lui échappa, le malheureux, de dire qu'il me connaissait, et incontinent, on lui demanda s'il croyait que j'accepterais la présidence, et, comme il pouvait répondre que je n'étais nullement lié envers M. Quinet, on le chargea de venir me l'offrir.

« Je partis d'abord d'un grand éclat de rire. Puis, me remettant, je témoignais combien j'étais sensible à cette marque d'estime et d'honneur ; que j'étais donc à la disposition de M. Ganneron comme je m'étais mis à celle de M. Quinet, sous les mêmes conditions, celles d'une neutralité parfaite. M. Lesage répondit que c'était tout ce qu'on désirait de moi, et il fut décidé qu'il viendrait me prendre, après dîner pour me conduire chez M. Ganneron.

« Cette fois, je n'avais plus à me plaindre, les honneurs pleuvaient sur moi. A 7 heures, M. Lesage revint, nous partîmes, nous arrivâmes ; M. Ganneron me reçut avec une grâce charmante, déclarant combien il était enchanté de faire ma connaissance ; je répondis par des propos aussi doux, ajoutant d'un petit air de président, que j'avais eu espoir de le voir un peu plus tôt. Puis, plusieurs électeurs présents m'entourèrent, me choyèrent, m'exprimèrent le désir que je fusse président de rechef ; tout allait pour le mieux du monde. L'Assemblée était devenue un peu plus nombreuse, on parla du bureau de l'Assemblée préparatoire, quatre membres furent désignés et l'on m'y adjoignit en cinquième. Je proposai et fis adopter ceci : que l'on formerait le bureau par portions égales des amis de M. Quinet et des amis de M. Ganneron. Cette idée eut pour principal adversaire un personnage à mine assez louche qui déclarait tout haut qu'en matière d'élections, il ne se piquait pas de procédés, et qui me fit l'honneur de venir m'exposer cette doctrine à moi-même. La chose fut décidée toutefois, malgré lui et contre lui, mais il en conservait un profond regret qu'il exprimait encore après que déjà une partie de l'Assemblée s'était retirée.

« Mais, monsieur, lui dis-je, qu'avez-vous donc à craindre? Le bureau ne peut en aucune façon influer sur l'Assemblée, si le président fait son devoir, et en partageant ces honneurs stériles avec vos adversaires, ce sera un acte de loyauté qui préviendra déjà en faveur de votre cause, les électeurs indifférents. Or, ce sont les indifférents qu'il s'agit de gagner, et moi-même, qui penche déjà beaucoup pour M. Ganneron, je vous assure que cette générosité de votre part sera de nature à m'y faire pencher encore davantage. A ces mots mon homme fit un bond en arrière, comme s'il eût été piqué par un serpent. — Vous penchez pour M. Ganneron ? Mais il y a erreur, il y a méprise ; nous ne voulons au bureau que des hommes devoués à M. Ganneron.

« Monsieur, dis-je tranquillement, on est venu de la part de M. Ganneron m'offrir la présidence sans conditions. C'est parce qu'on me l'offrait ainsi que j'y ai vu un très grand honneur, que j'étais heureux d'accepter ; mais s'il s'agit de l'acheter au prix de la liberté de mon vote, c'est beaucoup trop cher et je vous prie de la reprendre.

« M. Lesage s'interposa et dit qu'en effet, tel avait été le sens de sa mission ; la plupart de ceux qui se trouvaient là confirmèrent la déclaration de M. Lesage, et je demeurai président sans conditions. Pour ne pas paraître trop peu reconnaissant, je donnai à

M. Ganneron qui était fort enroué quelques conseils d'hygiène qui, j'aime à le croire, ne lui furent pas tout à fait inutiles, et nous nous quittâmes fort bons amis.

« Il était entre 10 et 11 heures quand je rentrai chez moi ; on me dit que quatre personnes étaient réunies pour m'entretenir d'une affaire importante. Ma plus grande affaire était alors de me coucher, ce que je fis. Mais, entre 11 heures et minuit, on sonna avec énergie ; c'étaient mes quatre personnages que je fis entrer dans mon salon, et que je me hâtai de rejoindre en pantoufles, en robe de chambre et en chemise, étrange accoutrement pour le rôle qu'on allait m'offrir. »

Ici s'arrête le manuscrit autographe de Malgaigne ; nous continuons la narration de cette candidature d'après des papiers de famille et des journaux de l'époque.

Les électeurs du IVe arrondissement se réunirent le 31 juillet 1846, sous la présidence de Malgaigne que l'Assemblée désigna. M. Ganneron rendit compte de son mandat ; Quinet son concurrent, ne se présenta pas, il était allé en province soutenir sa candidature dans un autre comice électoral. Cette attitude mécontenta un certain nombre des électeurs, adversaires de M. Ganneron et l'un d'eux Ramond de la Croisette, avoué au tribunal, connu par l'indépendance de son caractère et son libéralisme, proposa la candidature de Malgaigne qui fut acclamée par les électeurs. Le *National* du 1er août 1846, rendit compte en ces termes du discours que prononça alors Malgaigne.

« Après avoir payé un tribut d'hommages à M. Ganneron, l'honorable orateur dit ce qu'il est et ce qu'il veut ; il est l'enfant de ses œuvres, il ne s'est élevé que par ses propres forces. Il y a quinze ans que lui treizième, partit à la tête d'une ambulance, pour aller au secours de la Pologne. Il était à l'assaut de Varsovie et là, il a été décoré de l'ordre du mérite militaire de Pologne. L'honorable orateur déclare qu'en politique il est d'une opposition un peu plus avancée que celle de M. Ganneron. « Avant, dit-il, d'entendre ce dernier, je vous aurais peut-être dit que j'étais centre-gauche, mais puisque les idées qu'il vient d'exprimer appartiennent à cette nuance il faut bien croire que je suis plus avancé que lui.

« Et d'abord il y a la question de confiance. Ce ministère a fait deux choses que je ne lui pardonne pas. Il n'a pas ménagé le trésor de la France et surtout pas assez ménagé son honneur.

« Après la bataille d'Isly, l'élan français a été repoussé, et des organes du ministère ont dit que le sang français coulait pour rien et que la France était assez riche pour payer sa gloire.

« Messieurs, je me demande si les agriculteurs auxquels on refuse le dégrèvement du sol sont assez riches pour payer les insultes qu'il plaît à l'empereur du Maroc de nous faire ? Ah ! Messieurs, je pardonnerais au ministère de faire payer sa gloire à la France, s'il ne l'avait pas forcée de payer sa honte ! Je veux parler de cette indemnité dont je ne veux pas prononcer le nom dans une Assemblée française. (*Allusion à l'indemnité Pritchard*). Je dis que cela est une tache de boue, de sang peut-être. Oui de sang, imprimée sur le front du ministère, et qui doit être expiée par sa chute.

« Pour ces raisons, je voterai contre le ministère. Messieurs, le ministère est le gérant de la fortune de la France, il en est responsable. Eh bien ! sans aller plus loin que le centre gauche, ni plus haut, ni plus bas, je veillerais aux intérêts de la fortune publique aussi bien sous le ministère Guizot que sous le ministère Thiers.

« Troisième chef de reproches contre le ministère qui se loue beaucoup de sa durée et de la prospérité de la France : Pourquoi n'a-t-il pas profité de cette prospérité pour accorder quelques-unes des Réformes dont l'urgence est démontrée ? L'orateur aborde la question de la Réforme électorale et déclare qu'il adopte les modifications contenues dans le programme publié par l'Opposition. Il poursuivrait vivement l'adoption d'une loi sur la responsabilité ministérielle. Toutes les réformes utiles trouveraient enfin en lui un défenseur constant sous toutes les formes, sous tous les ministères. L'orateur refuserait la dotation par quelque raison qu'on la demandât, par quelque acte de reconnaissance qu'on voulut la payer. « Je refuserais, ajoute M. Malgaigne, parce que l'on voudrait peut-être ne nous accorder quelques-uns des droits que l'on nous doit, que comme une concession. »

« L'honorable orateur considérait qu'en l'appelant à la candidature, les électeurs voulaient non seulement un représentant à la Chambre, mais aussi à la tribune. « Personne, dit-il, si je suis appelé à l'honneur de vous représenter, ne portera plus haut et plus ferme que moi la bannière du IVe arrondissement de Paris. »

Dans sa circulaire aux électeurs, Malgaigne rappelle qu'il fut appelé deux fois à présider les assemblées électorales et qu'une manifestation soudaine et presque générale l'a engagé à prendre la candidature. Il se déclare de l'opposition centre-gauche, rien de plus, rien de moins, adversaire résolu du ministère, partisan de la réforme électorale par l'adjonction des capacités et de la réforme parlementaire par la limitation du nombre des fonctionnaires et par l'adoption d'une loi sérieuse sur la responsabilité des ministres. Il votera contre toute loi de dotation ; pour la liberté de l'enseignement sous la surveillance indispensable de l'État, pour la juste participation des Conseils généraux à la confection des listes du jury, pour l'application du jury à tous les délits de presse. Il proteste contre les accusations de trahison portées contre lui par les amis de son concurrent, M. Ganneron, les déclare fausses en tout point et ajoute qu'ils ne parviendront pas à faire un bourg-pourri du IVᵉ arrondissement de Paris.

Malgré les efforts de Malgaigne et de ses amis, Ganneron triompha de cette candidature improvisée qui réunit 350 voix sur environ 850 électeurs, mais le nom de Malgaigne était connu de l'Opposition du IVᵉ arrondissement et il devait plus tard réunir avec succès la majorité des suffrages.

Ganneron occupait à Paris une grande situation ; il était à la tête d'une banque importante, il était vice-président du Conseil municipal, colonel de la 2ᵉ légion de la Garde nationale, commandeur de la Légion d'honneur, il avait été président du tribunal de Commerce.

Dans le IVᵉ arrondissement peuplé d'électeurs commerçants, il avait personnellement une grande influence et les chances d'avenir politique d'un médecin même éloquent semblaient bien faibles.

Mais, le 24 mai 1847 Ganneron mourut subitement. L'élection d'un député pour le IVᵉ arrondissement fut fixée au 29 juin 1847. Malgaigne se représenta au choix des électeurs. Il était alors chirurgien de l'hôpital Saint-Louis et membre de l'Académie de médecine.

Il adressa aux électeurs, une circulaire dans laquelle il indiquait qu'en 1846 sa candidature avait réuni 350 voix en trente-six heures ; il reproduisait les termes de sa circulaire précédente où il déclarait être de l'opposition centre-gauche, rien de plus et refusant de signer une profession de foi plus avancée.

Dans une seconde circulaire, il rappelle qu'il a exposé ses principes dans une réunion préparatoire. Il répond aux questions qui lui ont été adressées par écrit par des électeurs. Il n'acceptera de place d'aucun ministère. Il qualifie l'opposition du centre gauche d'opposition éclairée et par-dessus tout loyale et consciencieuse, qui, sans compromettre aucune des conquêtes déjà faites, désire les fortifier et les étendre et qui, dans son progrès lent mais continu, se préoccupe peu des ambitions et des rivalités personnelles et n'écoute que la grande voix du pays. Il ne veut pas de progrès par secousses. Il ne s'attachera à aucun homme si élevé qu'il puisse paraître, il votera suivant ses principes.

Il s'exprima ensuite en ces termes sur l'Instruction publique :

« L'Instruction est une dette de l'État envers les citoyens, il faut donc que l'État entretienne sur tous les points du royaume des centres d'instruction à portée de tous. C'est pourquoi il faut une Université. Mais l'Université n'est faite, que pour acquitter cette dette de l'État, et elle ne doit ni s'opposer ni s'imposer à l'enseignement libre qui est le droit de tout citoyen et l'une des promesses de la Charte. Je veux donc l'enseignement libre, distinct et indépendant de l'Université. Mais je veux que tout instituteur présente des garanties de moralité et de capacité ;

je veux qu'aucun instituteur ne puisse devenir entre les mains d'un parti ou d'un autre un foyer de propagande contre nos institutions; c'est pourquoi je veux que l'enseignement libre soit soumis à la surveillance indispensable de l'Etat. »

Il promet de soutenir les intérêts du commerce, de s'entendre avec ses représentants pour proposer les réformes utiles.

Il demeurait alors rue de l'Arbre-Sec n° 22, dans un quartier où le commerce dominait.

Il avait pour concurrents : Bertrand, négociant, président du tribunal de Commerce, Horace Say, négociant et économiste, Flandin, avocat. Après un scrutin de ballottage, Malgaigne fut élu député du IVe arrondissement de Paris le 1er juillet 1847 par 499 voix sur 816 votants.

La carrière de Malgaigne à la Chambre fut extrêmement courte; elle ne répondit pas à ce que ses amis attendaient de son mérite.

Il se consacra cependant sérieusement à l'accomplissement de sa tâche; il se livra, en vue de la réforme commerciale désirée par ses électeurs, à des études dont nous avons retrouvé les traces. Il entra dans plusieurs commissions dont l'objet se rapprochait davantage de ses connaissances particulières, notamment celles qui concernaient les questions de médecine, d'hygiène générale et d'instruction publique.

Il appartenait au centre gauche, il représentait

l'opposition dynastique, qui était désireuse de certaines réformes, hostile au ministère Guizot, mais qui demeurait fidèle à la monarchie de 1830. C'était un bourgeois libéral. A raison de son humeur particulière et de l'indépendance de son esprit, Malgaigne ne se croyait pas tenu de rester attaché, en toutes circonstances, aux hommes de son parti et de suivre les chefs qu'il s'était donnés, quand même ils lui paraissaient s'engager dans une politique mauvaise. Il voulait garder sa personnalité propre et son entière liberté d'action. On trouvera peut-être que ces sentiments, naturels chez un savant, sont moins explicables chez un homme politique, qui doit être forcément conduit à faire des concessions sur ses idées et certains sacrifices sur ses vues personnelles, pour le succès d'une cause commune et pour le bien public.

Quoi qu'il en soit, à la session de 1848, Malgaigne résolut de prendre part à la discussion de l'Adresse et d'y traiter une question qui divisait tous les esprits : celle de notre politique à l'égard de la Suisse. Les deux camps de la Chambre étaient entièrement divisés sur cette matière alors brûlante, et la conduite de Guizot, ministre des Affaires étrangères, avait été dans le pays et dans la Presse, l'objet d'attaques et de défenses également passionnées.

Le traité de Vienne avait établi en Suisse vingt-deux cantons, avec un gouvernement autonome, sous le contrôle d'un Conseil fédéral.

Dans sept cantons, en majorité catholiques, le pouvoir appartenait à l'aristocratie, à la haute bourgeoisie, au clergé. Dans les autres l'opinion libérale ou radicale dominait. Ces deux partis étaient en lutte depuis 1830; le parti libéral composé de la masse de la nation demandait la revision de la Constitution et la cessation de ces rivalités perpétuelles.

La question religieuse divisait également la Suisse, dont certains cantons étaient demeurés catholiques et d'autres devenus protestants. Dans le canton du Valais, après une guerre civile, le parti catholique avait décrété que la Religion catholique aurait seule un culte; d'autre part le canton d'Argovie avait ordonné l'abolition des couvents, la confiscation de leurs biens. Le grand Conseil de Lucerne confia aux Jésuites l'instruction publique. Cette mesure parut un défi; des troubles sanglants se produisirent, une agitation profonde se répandit dans toute la Suisse et des luttes armées s'engagèrent. Ochsenbein, le chef des libéraux envahit avec 8 000 hommes le territoire de Lucerne, il fut battu par ses adversaires.

Le 11 décembre 1845, les sept cantons catholiques de Lucerne, Uri, Schwitz, Untervalden, Zug, Fribourg et le Valais s'unirent et formèrent une alliance particulière, une ligue séparative ou *Sonder bund*. Ils s'engageaient à repousser par les armes toutes les attaques contre les territoires de leurs cantons et contre leurs droits de souveraineté ; la

Diète fédérale était réduite à régler seulement les affaires communes de la Confédération.

Le parti libéral reconnaissait à la Diète des pouvoirs plus étendus, notamment le droit de veiller à la sécurité de la Suisse, troublée par les luttes religieuses et par les manœuvres des Jésuites.

Guizot, bien qu'il fût protestant, bien qu'il eût été élevé à Genève, Louis-Philippe, quoiqu'il fût libéral dans ses opinions religieuses et qu'il eut, aux jours de son exil, reçu l'hospitalité bienveillante de la Suisse, engagèrent la France dans une politique de réaction hostile à cet Etat et contraire aux traditions nationales de la France.

Guizot persuada au Roi, que le rétablissement de l'ordre troublé en Suisse, ne pouvait s'effectuer que par l'action des puissances étrangères.

Il se concerta avec Metternich, qui voulait une intervention armée, l'agitation suisse lui paraissant liée aux mouvements italiens.

La France, dirigée par Guizot, s'en tenait en apparence à une médiation officieuse en faveur du Sonderbund, qu'elle soutenait d'ailleurs secrètement en lui faisant passer de l'argent et des armes.

Le ministre français essaya d'amener à une entente et à une action commune l'Angleterre qui se montra peu disposée à soutenir les Jésuites.

Guizot considéra que le Sonderbund avait une force de résistance suffisante pour triompher de ses adversaires, et il s'en rapporta trop aveuglément aux vues de son ambassadeur, double erreur qu'il a reconnue lui-même dans ses Mémoires (t. VIII, p. 417).

En mai 1847, les libéraux acquirent la majorité dans les cantons et leur chef à Berne, Ochsenbein devint, de plein droit, chef du pouvoir exécutif de la Confédération. Le 4 novembre 1847, la Diète vota l'exécution fédérale contre les cantons du Sonderbund. Elle confia au général Dufour le commandement d'une armée de 50 000 hommes; le 10 novembre Fribourg se soumit; le 24 novembre Lucerne à son tour succomba, le Sonderbund était frappé de mort et il disparut.

Guizot n'avait pas osé agir par la force, de concert avec l'Autriche, et porter ainsi atteinte à l'indépendance nationale de la Suisse.

Cette conduite du ministre français avait abouti à des résultats fâcheux, qui avaient failli compromettre nos bonnes relations avec un peuple ami et troubler la paix générale sans aucun intérêt légitime pour la France et au mépris des règles du droit international. C'était là un échec grave pour le ministère et pour le gouvernement français. L'attaque parlementaire devait être portée en France sur la question suisse. Ce fut en vain que l'Autriche, la Prusse et la France, en janvier 1848, firent remettre à la Diète une note menaçante, proposant une médiation commune, il n'en fut pas tenu compte et la Révolution de février mit fin tragiquement à une politique aussi vaine que maladroite.

Dans le discours du trône de 1847, Louis-Philippe parlait de la guerre civile de Suisse, de la médiation bienveillante proposée ; il exprimait le vœu que la Suisse respectât les droits de tous et maintînt les bases de la Confédération garanties par l'Europe dans les traités.

Dans la session du 11 février 1848, la chambre des Députés délibéra sur le paragraphe 6 du projet d'adresse au Roi, relative aux affaires de la Suisse.

Malgaigne proposa cette addition au paragraphe : « Nous nous félicitons que la Suisse ait pu, seule et par ses propres forces, sortir de cette crise menaçante, et nous désirons surtout que dans la médiation offerte, elle voie un témoignage de l'amitié de la France et non l'intention d'intervenir dans ses affaires intérieures. A chaque peuple appartient le droit de régler et de réformer ses institutions. »

La cause que soutenait Malgaigne était conforme à la vérité, au bon sens, à la justice. Il débutait comme il suit :

« Une nation qui touche à nos frontières, une nation à laquelle nous attachent de vieilles sympathies et de vieux intérêts encore persistants est, depuis quatre mois, *dénoncée en quelque sorte à l'Europe par notre gouvernement*, et mise au ban de l'Europe. Elle s'est vue injurier dans ses chefs, méprisée dans son gouvernement, froissée dans sa dignité nationale, attaquée dans son indépendance. Quel crime avait-elle donc commis ? Je ne viens pas justifier tout ce qui s'est fait, tout ce qui a pu se faire en Suisse, dans cette dernière année, dans cette dernière campagne, mais d'autres scènes *plus tristes encore ont effrayé l'Europe* (allusion à l'état de l'Italie) et notre gouvernement n'avait pas encore trouvé jusque-là de telles expressions de réprobation. Serait-ce, comme on l'a fait entendre hier, que la Suisse est un pays libre, et que nous avons d'autres paroles pour les pays libres que pour les gouvernements absolus ?

« Je ne le crois pas, nous avons eu, il y a quelques années, d'autres discussions avec un gouvernement aussi libre, aussi républicain que la Suisse et le langage de la France, j'en ai le regret, n'était pas aussi orgueilleux et aussi fier. En considérant ce qui a pu attirer à la Suisse un tel langage, je dois le dire, j'ai trouvé que, sinon son plus grand crime, du moins son plus grand malheur, est qu'elle ne compte que deux millions d'hommes. Eh bien ! Messieurs, j'avais besoin de protester, en commençant, contre ce langage altier et insultant tenu à une nation faible. Je crois que les choses politiques comme toutes les choses humaines, devraient être réglées d'après deux grands principes, l'équité et l'utilité. »

L'orateur entra alors dans de longs développements sur les traités de 1815, sur l'organisation de la Confédération suisse, sur les luttes des partis, sur l'action des puissances étrangères et en particulier de la France.

Ces considérations, qui auraient été mieux à leur place dans le cours d'un professeur de Faculté et qui furent développées à la façon d'une argumentation de l'Ecole, ne touchèrent pas les auditeurs et ne s'imposèrent pas à leur attention. L'éloquence politique est absolument différente de celles du barreau et des Universités. M. Louis Passy, dans sa notice sur Wolowski, a dit avec raison : « Autre chose est d'être un savant convaincu, un avocat distingué et un orateur politique. Les *hommes supérieurs par l'intelligence sont très souvent tenus en défiance par les assemblées*. Il faut plaire ou déplaire. Il faut servir les passions et les intérêts de ceux qui vous écoutent, *ne pas se figurer qu'on occupe la tribune pour instruire*, quand on la tient pour combattre. Ce n'est pas ordinairement le genre oratoire des professeurs qui plaît parce qu'ils s'étendent pour mieux s'expliquer. » Nous avons vu de la sorte tel qui brillait ailleurs au premier rang par la parole s'éclipser à la tribune du Palais-Bourbon ou du Sénat ; de grands avocats comme Chaix d'Est-Ange, Bethmont, Senard, Allou et bien d'autres n'ont pas tenu dans nos assemblées la place éminente qu'ils avaient gagnée au barreau. Il en fut de même de Malgaigne. Il aurait sans doute pris sa revanche, si la Révolution de 1848 n'était pas survenue et n'avait pas brisé sa carrière politique. Le début malheureux d'un orateur n'est pas toujours l'indice d'une vocation mal comprise. On peut appeler du jugement rendu sur une première cause perdue ; l'exemple le plus frappant est celui de Disraeli qui, après avoir subi un échec plus complet encore, devint avec le temps le maître du Parlement et le plus grand orateur de l'Angleterre de son temps.

Cependant, la lecture du discours de M. Malgaigne ne nous permet pas de nous rendre compte de son insuccès. Sa péroraison nous semble pouvoir même être reproduite ici et louée.

« Voyez ce que fait notre gouvernement lorsque la Sainte-Alliance laissa la France mutilée, isolée, saignant par toutes ses blessures ; elle craignit encore une convulsion pareille à celle des Cent-Jours et voulut prendre ses précautions. Elle installa au cœur de la France un gouvernement sorti de ses rangs et son représentant trop fidèle. Ce n'était pas assez ; elle parqua 15 000 hommes dans nos cités frontières, afin de comprimer le moindre mouvement intérieur. Ce n'était pas assez, elle prit le soin d'entourer partout la France d'une frontière partout menaçante. Au nord, la Belgique, la Hollande, les provinces Rhénanes, prussiennes ; ailleurs, la Suisse autrichienne, l'Italie autrichienne, le Piémont et l'Espagne, Royautés absolues ; voilà comment la France était cernée !

« Etait-ce assez ? On parlait l'autre jour des traités de 1815 et de la nécessité de les observer. Faut-il rappeler qu'en vertu de ces traités et en arrière, d'une frontière ennemie, il y avait encore une alliance permanente et que les quatre grandes puissances s'étaient entendues, s'étaient concertées, s'étaient liées, afin que, si l'esprit de Révolution venait jamais à se réveiller en France, soit sous une forme, soit sous une autre, l'Europe entière fut prête à l'écraser.

« Qu'est-ce que nous avons fait en 1830 ? Nous nous sommes débarrassés d'abord de ce gouvernement qui nous comprimait et, au cœur de l'Etat, il n'y a plus eu de partisan de la Sainte-Alliance.

« Ensuite, et c'est la gloire de la France, et si je ne me trompe, ce sera une grande gloire de ce règne, nous n'avons pas voulu agir désormais sur l'Europe par la force des armes, mais par la force des idées ; nous avons entrepris une deuxième fois la conquête de l'Europe, mais d'une manière pacifique, par les idées. Et qu'est-ce qui est arrivé ? Nous avons dégagé d'abord les frontières du nord. A la place d'une Belgique hollandaise, nous avons fait une Belgique belge. Puis à l'est, à la place d'une Suisse autrichienne, nous avons fait une Suisse française. Le Piémont absolu s'est ouvert aux idées françaises. L'Espagne a rejeté son gouvernement absolu ; les idées françaises font maintenant invasion en Italie, et ce que Napoléon n'avait pas fait dans toute sa gloire, elles le font à présent. Elles ont pris d'assaut le Vatican et se sont installées jusque sur le trône de Saint-Pierre. A présent que nous avons partout remplacé le cordon de la Sainte-Alliance par un cordon qui se développe suivant les idées françaises, que va faire notre gouvernement en Suisse ? Il va interrompre notre conquête, il va, au lieu d'une Suisse française, refaire une Suisse autrichienne. »

Le débat devait prendre une ampleur plus grande, le 2 février 1848, à la Chambre des députés. Thiers, parlant dans le même sens que Malgaigne, y prononça un de ses plus célèbres discours, qui rejeta dans l'oubli tous ceux qui avaient été entendus auparavant.

« Le sang, disait-il, a coulé à Palerme, à Milan ; je ne m'imagine pas que vous ayez convoqué le concours de l'Europe pour faire cesser cette effusion. Pourquoi se mêler des affaires suisses ? Pourquoi ne pas rester fidèle à cette maxime tant de fois invoquée contre nous « *Chacun chez soi, chacun pour soi* » ? Cette tutelle sur les institutions d'un pays voisin, est un acte exorbitant : en 1815, les puissances ont pu se mêler de l'État territorial de la Suisse et point du pacte fédéral arrêté par la grande majorité des cantons. » Thiers ne s'effrayait pas du reproche qui lui était fait de soutenir le parti libéral et les idées de la Révolution et il prononçait ces paroles devenues historiques : « Entendez bien mon sentiment ; *je suis du parti de la Révolution tant en France qu'en Europe*, je souhaite que le gouvernement de la Révolution reste dans les mains des hommes modérés, je ferai tout ce que je pourrai pour qu'il continue à y être ; mais, quand ce gouvernement passera entre les mains d'hommes qui sont moins modérés que moi et mes amis, dans les mains d'hommes ardents, fussnet des radicaux, je n'abandonnerai pas ma cause par ce motif, *je serai toujours du parti de la Révolution.* » Thiers finissait en défiant le ministre d'oser demander à la Chambre un homme ou un écu pour envoyer une armée en Suisse ; quant à la médiation, en vain le ministère l'offrait-elle, la Suisse lui répondait : « je n'en veux pas ».

On sait que, contrairement aux prévisions de ses adversaires, la Suisse a trouvé dans la réorganisation du pacte fédéral, une ère de prospérité nouvelle. Une Constitution démocratique, adoptée le 12 septembre 1848, modifiée en 1874, régit encore ce pays. Thiers et Malgaigne avaient donc raison dans la politique qu'ils conseillaient à la France. Guizot et Metternich s'étaient trompés une fois de plus.

La Presse parisienne ne ménagea pas à Malgaigne ses attaques ; il avait des ennemis dans le journalisme. L'un d'eux ne craignit pas d'écrire :

« Quant à la valeur intrinsèque du discours et de l'amendement de M. Malgaigne, nous n'avons pu en saisir que quelques phrases errantes dans le tohubohu des conversations. »

Ces coups de stylet n'ont pas cessé d'être en usage dans certains comptes rendus des débats parlementaires.

Un journaliste de la presse médicale se montrait moins injuste ; après avoir reconnu qu'à la lecture le discours de Malgaigne ne péchait réellement que par sa longueur exagérée, il ajoutait :

« M. Malgaigne ne possède ni l'intonation, ni la diction, ni la mimique de l'orateur. Sa voix d'un timbre sec et métallique aurait besoin d'être assouplie, et, comme le disent les musiciens, d'être émise *con sordine*. Ses formes sont abruptes, sa phrase tranchante, ses propositions absolues, ses déductions impérieuses. Il ne cherche pas à persuader, il veut convaincre tout d'abord. Il impose d'autorité son opinion, sans se préoccuper de la résistance des esprits, des convictions contraires. C'est le despotisme de la facilité d'élocution, ce n'en est pas le charme ».

Il nous semble que les défauts de Malgaigne ont été grossis, mais le jugement qui précède renferme quelques appréciations qui sont fondées. L'éloquence réelle de Malgaigne ne convenait pas à une assemblée politique, elle devait briller uniquement dans les Académies et dans les Facultés, et là, elle ne fit que s'accroître avec le temps. Il acquit toutes les qualités maîtresses de l'art de parler, et, par suite de l'âge et de l'expérience, il se dépouilla de quelques-uns de ses défauts. Ceux qu'il conserva, dans son organe et dans sa diction, ajoutèrent à sa force oratoire et lui marquèrent une place originale et un rang particulier dans le cercle des gens instruits et diserts que Paris a toujours possédés.

Dans les derniers jours de la Chambre des députés de 1848, Malgaigne continua à prendre part aux travaux des commissions dont il était membre et qui s'occupaient de certaines réformes dans la médecine et l'hygiène publique.

Il fut mêlé, comme appartenant au centre gauche, à l'agitation universelle qui se rattachait à la réunion des Banquets, à la réforme politique et parlementaire, et au renvoi du ministère Guizot, qui s'était refusé à admettre aucune concession.

En 1847, des banquets avaient été organisés dans toute la France, pour propager le mouvement favorable au programme réformateur.

Dans les banquets, l'opposition, en général, voulait maintenir le toast au roi, comme un engagement de ne pas sortir de la légalité. C'était l'opinion de Malgaigne. Le parti radical refusa d'adhérer à cette proposition. A la suite d'agitations diverses, le préfet de police interdit le 14 janvier 1848 le banquet préparé à Paris.

L'opposition se divisa : plusieurs de ses membres, Marie et Armand Marrast notamment, voulaient renoncer au banquet, faire donner aux députés opposants leur démission en bloc, et faire appel à la nation. Cette opinion fut combattue par Odilon Barrot, Lamartine, Duvergier de Hauranne, Malgaigne, et repoussée à la fin. Thiers aurait préféré que les banquets fussent abandonnés, mais il n'entra pas dans la discussion, car il se sentait dans un milieu contraire à ses idées. Il conseilla une adresse de la minorité de la Chambre au Roi, pour demander le renvoi des ministres et les réformes réclamées par le pays, fait qui n'était pas sans exemple en Angleterre. Mais des scrupules parlementaires et constitutionnels firent rejeter par l'Opposition cette opinion à laquelle Malgaigne s'était rallié un instant.

Cependant, une manifestation réformiste était organisée ; à la suite d'un appel général fait non seulement aux souscripteurs du banquet mais à tous les gardes nationaux, le banquet fut interdit définitivement par l'autorité. L'opposition, redoutant un conflit sanglant, y renonça le 21 février 1848. On sait comment, à la suite de troubles dans la rue, une insurrection générale éclata et la monarchie de juillet fut renversée le 24 février suivant.

Dans ces derniers événements, Malgaigne fut toujours le partisan résolu de la conciliation et l'adversaire de ceux qui voulaient, non seulement obtenir des réformes et le renvoi du ministère, mais aussi renverser le trône.

La carrière politique de Malgaigne prit fin avec la dissolution de la Chambre des députés de 1848. Il n'eut pas le goût d'y rentrer. Il suivit cependant avec un intérêt particulier le mouvement politique et social de 1848. Il avait réuni et classé des notes nombreuses sur les événements de 1848 à 1851, sur les hommes politiques de cette époque, sur les apôtres du progrès, sur les plans de réorganisation de la société, sur le coup d'État de 1851 et ses suites. Il avait recueilli les souvenirs de divers témoins des faits de ces temps agités. Il avait enregistré par écrit ce qu'il avait appris d'eux. Mais ce travail préparatoire n'est pas allé plus loin. Le temps a manqué à Malgaigne pour rédiger l'ouvrage auquel il avait songé.

Il consacra le reste de sa vie à des travaux scientifiques par lesquels sa réputation et son talent ne cessèrent de grandir jusqu'à la fin, grâce à un labeur immense qui n'a subi aucun arrêt. Une mort prématurée lui a seule donné le repos qu'il n'a jamais connu pendant sa vie. Il dort son dernier sommeil au cimetière de Montparnasse peuplé de tant de gloires parisiennes, non loin de Quinet, un instant son rival politique, du baron Boyer, de Lisfranc, de Velpeau, d'Orfila, de Récamier, de Follin, de Huguier et de nombreuses célébrités médicales de cette époque. Aucun de ces brillants talents n'a éclipsé le sien. La postérité gardera-t-elle son nom?

En songeant à la science, au dévouement, à l'humanité des médecins français, aux services que leur clientèle exige d'eux et à la mesure dans laquelle ils peuvent la satisfaire nous nous rappelons cette page de Voltaire (*Dictionnaire philosophique*, au mot *médecine*) : « Il est vrai que régime vaut mieux que médecine. Il est vrai que très longtemps, sur 100 médecins il y a eu 98 charlatans. Il est vrai que Molière a eu raison de se moquer d'eux. Il est vrai que rien n'est plus ridicule que de voir nombre infini de femmelettes et d'hommes non moins femmes qu'elles, quand ils ont trop mangé, trop bu, trop joui, trop veillé, appeler auprès d'eux pour un mal de tête un médecin, l'invoquer comme un Dieu, lui demander de faire subsister tout ensemble l'intempérance et la santé, et donner un écu à ce Dieu qui rit de leurs faiblesses.

« Il n'est pas moins vrai qu'un bon médecin nous peut sauver la vie en cent occasions et nous rendre l'usage de nos membres. Un homme tombe en apoplexie, ce ne sera ni un capitaine d'infanterie, ni un conseiller à la cour des aides qui le guérira. Des cataractes se forment dans nos yeux, ma voisine ne me les lèvera pas. Je ne distingue point ici le médecin du chirurgien ; ces deux professions ont été longtemps inséparables. *Des hommes qui s'occuperaient à rendre la santé à d'autres hommes par les seuls principes de l'humanité et de bienfaisance, seraient bien au-dessus de tous les grands de la terre : ils tiendraient de la Divinité. Conserver et réparer est presqu'aussi beau que faire.* »

Nous sera-t-il permis d'ajouter qu'au XIXe siècle et de nos jours, la médecine et la chirurgie françaises se sont rapprochées beaucoup de cet idéal ?

INDEX DES NOMS

TABLE DES MATIÈRES

CHAPITRE PREMIER

CHAPITRE II

CHAPITRE III

CHAPITRE IV

CHAPITRE V

CHAPITRE VI

EVREUX, IMPRIMERIE DE CHARLES HÉRISSEY

www.ingramcontent.com/pod-product-compliance
Ingram Content Group UK Ltd.
Pitfield, Milton Keynes, MK11 3LW, UK
UKHW021829190726
13853UKWH00003B/1263